不思議の島の
ゆるガイド

台湾のきほん
Taiwan Basic

基本的台湾

JN182854

青木由香

はじめに

　台湾生活をやめて日本に帰国したら、台湾の何が懐かしくなるか？　長々住んでいると、よくこんなことを聞かれます。大好きな臭豆腐も果物も、通い詰めている足裏マッサージ店も友達も、なくなったら寂しい。だけど、ちょっと台湾にいたくらいでは味わえない、台湾らしい時間の流れ、空気感、これがなくなったら身悶えしそうです。台湾特有のシステムというか、生活の中で体験する日本と違う台湾のスタンダード。それらが作る空気感が私をいつまでも台湾に惹きつけてくれます。

　この本を書いたのは、そんな空気のこもった「生活の中の台湾が見える」というテーマのお話を紹介したくなったからです。この台湾ブームに、黙ってガイドブックを書いていればいいのに……。

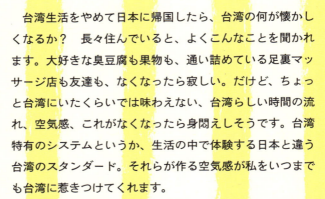

　とはいえ、最近は台湾に来る人が増え、台湾好きが高じて住み着いたり、台湾と仕事を始める人も増えています。そんな人たちの予備知識にもなり、旅行で触れた台湾の謎が気になって仕方ない人にも読んでもらえればと思いました。

　さらに、とはいえ。はたして台湾にスタンダード（基本）があるのか。だって、交通ルールの基本中の基本である信号も「参考而已（参考にする程度）」と言い放ち、道路を自分流に使う人もいる。お役所仕事も担当者によって基本がバラバラ。ゆるかったり、厳しかったりします。ごはん屋さんでもメニューにないものが注文できたり、と台湾の基本はグニュグニュです。臨機応変にその時々で、人と人とのやりとりで変わります。諸悪の根元は、すべてが人情重視から始まっていること。加えて、てんこ盛り・便利好きが優先されるので、少々不格好になることもあるのが台湾です。

　ここでは、こうしたら間違いないという注意事項も書いてあります。台湾暮らしの手引書でもあり、日本と違う台湾で起こる謎を解くための参考書でもあります。旅行で体感する「近くて、おいしくて、癒される台湾」から、「興味を持って、付き合って、生活の中の台湾」へ。面白い隣人の基本は、私たちの頭をグニュグニュに揉みほぐしてくれます。

本書の使い方

対象

旅行を超えて、もう1歩踏み込んで台湾を知りたい方。
台湾に住んでみようと思っている方。
前作『奇怪ねー台湾』より少しタメになる情報を手に入れたい方。

読み方

体験談と個人的な見解で、台湾で生活していくうえでの基本項目を20に分けてあります。一見、手引書風なので気になる章から読んでしまいそうですが、なんどもシツコク出てくるネタがあるので、1度目を通してから必要な章を見たほうが楽しめます。

目的

使える、住むための情報は少し載せました。本当は、しっかりした情報盛りだくさんの本にしたかったのですが、そういう風に書いたらまったく面白くなかったので「意外に役に立つ」くらいのまとめ方をしてあります。少し面白いほうが頭に入りやいからです。

使用上の注意

情報について

本書は、2015年9月現在の情報で書かれています。価格、レート、流行りなど、台湾社会のルールは変わりやすく一寸先は闇です。事実と違う場合は、急速な変化があったと思ってください。なかには少々、著者の体験がレアケース、または勘違いだったという部分があるかもしれません。ご了承ください。[2015年9月現在、1元＝約4円]

ルビについて

カタカナで振ってあるものを口に出して読んでも台湾人には通じません。混乱を招くので、コミュニケーションで使う場合は漢字を見せるようにしてください。中国語には四声という声調があり、間違うとまったく違う意味になるからです。台湾語に関しては八声あり、さらに鼻にかかったような音もあります。ルビを振るのは日本の出版界の癖で、この漢字は「中国語」という雰囲気のためにルビを振っています。本書もご多分に洩れず。恐れ入ります。

台湾への愛について

「少しは使える」本にするべく、客観的に書いてある部分もあり、厳しい書きっぷりもありますが、台湾への思いは変わらずです。

台湾のきほん
Taiwan Basic

不思議の島の
ゆるガイド

目次

はじめに ……………………… 002
本書の使い方 ………………… 004

STEP 1 ……………………… 009
1　気候 …………………… 010
2　通貨 …………………… 016
3　交通1 ………………… 024
4　交通2 ………………… 030
5　滞在＋観光 …………… 036
6　衛生 …………………… 040
7　買い物 ………………… 046
8　言語 …………………… 052
9　歴史＋文化 …………… 058

（おまけ）台湾の風景1 ……… 062

STEP 2 ……………………… 065
10　引っ越し ……………… 066
11　住宅 …………………… 072
12　外食 …………………… 078
13　食材 …………………… 086
14　日用品 ………………… 094
15　修理 …………………… 100
16　病院 …………………… 106
17　ビザ …………………… 114
18　仕事 …………………… 120
19　教育 …………………… 126
20　流行 …………………… 132

（おまけ）台湾の風景2 ……… 138

おわりに ……………………… 140

STEP 1

なんらかの理由で台湾に近づいたあなた。飛行機が台湾の地に降り立った瞬間に、何かが違うと感じるはず。

換金に入った銀行でマスクとヘルメット着用の強盗みたいな客がいても、タクシーでやたらと日本の演歌が流れるのも、年頃の娘の口から「ふんがー」と言うのが聞こえたとしても、どれも偶然じゃない。

すべてに理由があって、台湾社会に普通に根づいている風景。その理由を熟知して町を歩けば、観光地でもなんでもない、日常の台湾が愛おしくなる。

Taiwan Basic 1 気候

ナメてはいけない台湾の冬

島全体でいえば北回帰線だって通過しているし
台北の緯度は沖縄より下に位置する。
それでも、いろんな理由から
寒〜い冬はしっかりやってくる。

冬でもクーラー!?

天気予報を見ていて、予想気温が10度だからってナメてはいけない。とくに台北の冬は、このうすら寒い空気に湿度もたっぷり加わる。2週間くらいずっと雨が降り続け、地形が盆地のため湿気が抜けにくいらしいが、湿度が90％超えなんてしょっちゅう。湿気があるからヒンヤリ感が増し、体感温度は実際の温度のマイナス3〜4度。台湾の家庭はこの時期除湿器をフル稼働させている。

それなのに台湾人は冬でもクーラーをかける悪い癖があって、レストランもタクシーも公共のスペースもキンキンに冷やす。こればかりは慣れないし、理解もできない。毎回タクシーに乗って「寒いからクーラーを消してください」と言ってみるが、素直に消してくれるタクシーの運転手はまず皆無。ガラスが曇るとか、息苦しいと文句を言われるか。もしくは、一見、風量をいじったふりして温度は全然上げてくれないか、のどれか。そのくせ自分（運転手さん）はジャンパーを着込んでいる。なんだこれはと長年考えて察するに、身体は寒がっているらしいから鼻の穴から入る空気がヒンヤリしているのが好みらしい。

家庭でも外気温4度ですら息苦しいとかいって窓を細く開けている。この手の息苦しがり屋が台湾にいるせいで、台北の冬は余計に寒くなっている。

このように冬は寒いが、当然のように暖房はない。宿泊したホテルの空調に暖房のスイッチを見つけて浮かれても、押して出るのはスカーっという送風音。暖房機能はわざわざ取り去られているのか、またはコントローラー

が純正でないのか、暖房の文字があるのに互いにマッチしていないせいで我々をがっくりさせる。

注1
「焚き火だ、焚き火だ、落ち葉焚き」など。ほかに千昌夫の「味噌汁の詩」や森進一の「襟裳岬」にも出てくる

お風呂に湯船がない家も多く、シャワーだけでもへっちゃらで暮らし、室内に入ってもどこに行ってもホッとできない。暖房がある室内でホッとすることに、冬の温もりを感じて歌を作ったりする日本人（注1）からすると、だいぶ味気ない冬を過ごしている気分になる。湿度にメンタルな寒さも加わり、台湾の冬は日本より寒くてつらいと私は思う。日本より明らかに暖かい冬でありながら、モコモコのダウンを着ている台湾人。日本人はみな驚くけど、冬の間中、布団をかぶって寝る以外に暖まるところを知らないんだから、見逃してやってほしい。

台湾人は汗知らず

では、夏はどうなのか。台湾に来たことある人ならわかるはずで、日差しの強さもさることながら、やっぱり強気のクーラーに悩まされる。そして、夏もまた湿気がすごい。冷えた室内から外に出るときに全身から水分がドバッと吹き出るのは、汗じゃなくて結露？ めがねが曇るとかコップに水滴がつく、あれと同じことなのではと思ってしまう。それくらい外気は、一瞬で我々をずぶ濡れにさせるけど、人体の表面に水滴をつけて舌を出してヒーヒー言っているのは、観光中の日本人だけ。

ちなみに、現地の台湾人は毛穴がどうかしちゃったのか、顔にひと粒の水滴もなく、シラッと「暑い」とだけ口

から漏らす。不思議だったけど、気づいたら私もそうなっていた。長年住んでどうも台湾化が進んでしまい、最近は日本人のように水分を吹き出さなくなっている。

　夏の期間は、5月頃から始まる。5、6、7、8、9、10月と半年に及んで暑い日が続き、果てしなく長い。台湾の初夏の特徴はスコール。毎日降って、1時間くらいでピタッと止む。午後2時に降り出すときもあれば、4時、5時に降るときもあって、それが交通渋滞にも関わるから、時間が読めなくて困る。急に空が黒くなり、天の神様がバケツをひっくり返したかのようにどばっと降る。水なのに時間があたると痛くて、雨なのに傘も役に立たない。

　どんなに天気がよい日でも突然来るので、女子なら折りたたみ傘を持ち歩いていて日傘兼雨傘とし、バイクならシートの下にカッパとバイクを拭くぞうきんを詰めている（注2）。台湾人は会社勤めでも夏はビーサン姿。日本人観光客もこの時期は台湾人を真似て、濡れてもすぐ渇くビーサンで観光することをお勧めします。台北に関しては、冬も夏も雨っぽいので、1年中ビーサンでいる人もいる。

　夏の始まりが過ぎると、すぐ台風シーズンがやってくる。多い年には毎週のようにあって、颱風假(タイフォンジャァ)という台風休暇があるから、みんなそんなに台風が嫌いじゃない。颱風假は「町中の適当につけた看板が飛んでくると危ないので、地方政府が発令する外出禁止令」と来たばかりのころに聞いて、私はそのまま信じているが、本当に看板のせいなのかは定かではない。木や車は転がっている。

　外出禁止令は、簡単に前日に出され、次の日には台風

雨

注2
雨でも台湾魂はバイクの使用を控えたりは絶対しない

はとっくにどっかに行っちゃってなんの被害もないけど、お休みは返上されず、まるまるホリデーになることも多々。災害に発展する台風だったらそんなことも言ってられないけど、みんなこの休みを期待しているのは事実。こんな日でも、台湾魂がバイクに乗って風を切っている様子は見られる。

　私は台北在住なので、いつも悩まされる湿気ネタはたくさんある。たとえば、1週間家を空けたら、買って1年未満のパソコンが立ち上がらなくなったり、靴にカビが生えやすかったりといろいろ。だけどこの湿気、肌にはよくて、今や日本の冬でひどい乾燥肌に悩んでいたことが懐かしいくらいだ。

　台湾には、シワのない驚異的な肌の持ち主がたくさんいる。80、90のおばあちゃんが日本の40代並みのシワ量。シワ対策のために台北に住むのも手間とお金が浮く。私も肌のニーズを無視したもらい物の化粧水だけで生きている。日本では栽培が難しい蘭の花も、放置してもずっと楽しめる。

　台湾南部の雨知らずの天気に憧れて、南部暮らしを夢見たりもするけど、台北は日本への直行便の飛行機がいっぱい飛んでいるし、冬には台湾のおいしい鍋をさらにおいしく食べることができる。台北も好きだ。
　汗の量も野放しの肌も、すっかりこの気候に慣れて台湾人化し、冬に日本に帰ると室内で息苦しくなり、窓をうっすら開けたがる自分がいる。今となっては、鼻からヒンヤリが好みになっている。

Taiwan Basic

2
通貨

一つとり
いつとり
うっとり

手数料高い

換金は都会で。
銀行で頼れるのは警備員

バラエティーに富んだ通貨表記に換金方法。
ヤミ換金のレートとスリルに惹かれつつ
人間味溢れるゆるい感じの
銀行で起こるイロイロも捨て難い。

話しかけにくいとか、制服着てて威圧感があるとかは、まったくもってどっかにいっている、サービス業と化した台湾の銀行の警備員。営業時間ギリギリの到着でも、警備員という身分を忘れてシャッターを開けてくれる

換金は台湾で

台湾で使われているお金の単位は、台湾元。中国の元とは、見た目も貨幣価値も別の元。「TWD」「NTD」と表記が不思議と２つあって、両方とも使われている。TWD=Taiwan Dollar、NTD＝New Taiwan Dollar。ニューとついた時点でニューじゃない感じだけど、こんなことを言っても日本人にしかわからない感覚かもしれない。NTDは中国語でいうと新台幣(シンタイビィ)。「新」とか「大」とか、こっちの人は大げさなのが結構好き（例：「大台北」など）。ちなみに1949年から発行されたのにNewがつく。ネッ

トで見ると正式なコード表記は、TWD。NTDは、「新」「大」好きの間で「ニュー」と使われているのかも。

　このように、お金の単位の呼び方・表記は、気分でコロコロ変わるので戸惑わないでほしい。「元〈ユェン〉」が、話し言葉だと「塊〈クッワイ〉」になったり、表記も「元」や「圓〈ユェン〉」（注１）がある。前出の英語コード表記に気分で変わるものも加えると、言い回しは合計５個。こんなにあってもこの音すら発しないこともある。120元を一百二〈イィバイアァシィーユェン　イィバイアァ〉と、元も桁も縮める場合もある。市場や屋台、大衆食堂、タクシーなど、ローカルなところでこんな使い方をする。

　１元は、日本円で約４円（注２）。残念ながら日本では換金できるところが少なく、換金できてもレートがとても悪い。台湾に到着してからの換金が断然おすすめだ。さらにおすすめすると、台北の桃園空港は市内の銀行よりレートが悪かった。ところが、羽田から直行便のある松山空港だとそんなに差を感じないから、松山空港では換金してもいい。これは、空港が市内ど真ん中にあり、空港の外の銀行に歩いてでも行けるので、ぼったくる気すら失せているのだろう。

　市内に出てからの換金方法を分けると３つある。銀行、ホテル、ヤミ。最後に書いておきながら、キャッチーなのでヤミの話からしたい。

　台湾では、ほかの国のように街中に換金所がない。だからかヤミは、全然普通に浸透していて、それほど物騒な感じがしない。だって、私たちが利用している中級クラスのホテルも、ほぼヤミのおじさんが運んできたお金。「ヤミなんてとんでもない」と正統派ぶっても、知らないだけで

注１
100元＝100塊＝100圓

注２
2015年９月現在

金の出所は一緒。そのためか、小さなホテルならお客様へのサービスと割り切っているのか、あまり上乗せせず、銀行よりレートがよいこともあり。大きなホテルは張り切って上乗せしているところを見ると、銀行で換金しているのかもしれない。

そして銀行。換金レートだけ見ていると銀行によって差があるように感じるけど、レートがいいと別途手数料があり、悪くても手数料がなかったりする。80万円換金するときに大手銀行にリサーチしまくったら、当時日本円で200万円くらい換金しないと大差はなかった。ということで、換金での銀行選びには、そんなに躍起にならなくてもいいというのが個人的な統計。

ヤミと銀行の違いは、ヤミのレートは、必ず銀行よりいいわけではなく、銀行よりいいときが多い、そんな感じ。ヤミのおじさんと仲良くなっていると、土曜でも日曜でも夜でも、おじさんの手元に現金があれば、電話1本でどこにでも来てくれる。銀行は、1回の換金額の上限があり、日本円なら約20万円くらいだったりするけど、ヤミのおじさんは多ければ多いほど喜ぶし、多くて嬉しいと、レートをお得に調整してくれる。

では、ずるをしないヤミ換金のおじさんと、どうやって知り合うか。そう簡単に知り合えるわけじゃない。これだけヤミのおじさんの話を書いておいてゴメンなさい。大きな日系の会社に知り合いがいた私は、そこから紹介してもらえた。一般的なヤミ換金は、街中の金を売る店、銀樓(インロウ)というところ

進入本大樓
請配合：
一、請戴口罩
　　請將雨衣脫下
　　或將其甩乾
二、請將雨傘裝入傘套
三、謝絕推銷

訳：一階が銀行になっているビルの入り口にあった張り紙
「当ビルからのお願い
一、マスク、レインコート、ヘルメットはお脱ぎください。
二、傘は、傘袋に入れるか水を切ってください。
三、セールスはお断りします」
ヘルメットとマスクをしたまま入ってくるバイカーたちがどれだけ多いかわかる

訳：「口(顔)マスク、ヘルメットを外してお入りください。ご協力ありがとうございます！」台湾って、顔面マスクもいるのか

進入時務請脫下
口(面)罩和安全帽
謝謝合作！

に行くとやってくれる。看板も掲げていないがやってくれるのです。

　ヤミのほうがメリットを多く感じるけど、銀行のいいところは、心配がないこと。度胸がなくヤミのおじさんに縁がないなら素直に銀行へ。ヤミ換金は、路地に呼び出したり、マクドナルドで待ち合わせたりできるので、金銭面のメリットよりアンダーグラウンドな感じを楽しんで。

お客さんに丸見えな、ロールのトイレットペーパーのある銀行員の机の上。この銀行では、ロールのトイレットペーパーはみんなの机の上にあった。紙クズと人形みたいなものが置かれている机もあれば、外したイアリングが置いてある机もあった

口座開設

　銀行の話が出たので、口座開設についても少々。私が口座を開いた十数年前とはだいぶ違って、今必要なのは、身分証明を2つ提示することと写真撮影。パスポートのほかにもう1個、台湾で認められる写真入りの身分証明を出せと言われる。それは台湾の保険証だったり身分証だったりなんだけど、なければ移民署に行って「統一番号」という番号を自分につけてもらえばいいんだとか。統一番号は、パスポートのコピーを持っていくと無料でその場でできるので、観光客でもなんの必要があってかこの統一番号を持っている人がたまにいる（注3）。

注3
このへんは私が台湾に入り込んだ時代と違うので、残念ながら経験していません。ネットで詳しく書いている人がいるようなので、検索してみてください

　銀行での口座開設で日本と大きく違うのは、銀行で顔写真撮影があること。カウンター越しに、銀行員がへっぴり腰で顔写真を撮ってくれる。

　私の場合は、銀行員のマイカメラとおぼしきメタリックピンクのファンシーなデジカメで、不意打ちのスッピンを撮影された。銀行によってはカウンターの中に入るように

言われて、パソコンに外付けされた安っぽいカメラで撮られることもある。やり方も設備も統一感がない。撮った写真を見せてくれて、銀行員のおねえさんが「どう？」と聞くからダメ出しすると取り直しも可能。ほかのお客がいるので撮影自体はバツが悪いが、ここだけ乗り切ってほしい。①統一番号②印鑑③語学力があれば口座は開設できる。銀行によっては、台湾の住所の書類（賃貸なら大家との契約書など）が必要みたいだけど、台湾銀行という銀行なら、書類なしで住所を書けばOKという情報もあり。

口座開設後、金額を書くものはすべて画数をわざと複雑にした漢字で書かないといけない。つらい。１から０を「一、二、三……」ではなく、「壹、貳、參、肆、伍、陸、柒、捌、玖、拾、零」と表記する。困っているオーラを出していると、外国人の場合は銀行員や警備員が手伝ってくれる。

銀行の振り込み用紙記入台にある例。画数が多い漢字の数字は、ご覧のとおり手書きしたら手がつりそう。台湾人でも書けないことが多く、例が提示されている

銀行の警備員は愛想よく案内もしてくれる。キョロキョロしていると、順番の番号札を取って窓口に連れて行ってくれたり、ATMの操作も飛んできてサポートしてくれる。完全に警備そっちのけで、銀行員がすることを率先してやってくれる。銀行が閉まる時間になり、シャッターが下り始めるときに駆けこんでも、警備員なのにシャッターを開けてくれる。とても親切。警備会社からの派遣にしては、銀行業務に詳しいので、警備員のコスプレをした銀行員なのかもしれない。動きがいいので、私はどこの銀行に行ってもまず警備員を探すようにしている。

台湾の銀行は、日本に比べて利子が少し多く、ATMは他行からの引き落とし手数料も5〜7元（日本円で20〜28円）。仲のいい銀行間は（そんなのあるのか？　でも、そう説明された）、同銀行扱いで手数料ゼロ。振込手数料も15〜17元（60〜68円）とうっとりするほど安い。手数料はこのように銀行どうしの仲の良し悪しで変わるらしいが、大雑把な台湾人はあまり気にしていない。
　日本の振込手数料が高すぎるのは、行員の給料の違いと、自由にもらえる無料の封筒のためか。台湾は行内どこにも無料封筒の提供がない。窓口で欲しがっても、銀行にきた郵便物の再利用封筒をくれるところが多い（空港の換金対応の窓口は封筒があることも）。前に、駄菓子屋で使うような茶紙の紙袋をくれたこともあった。これくらいシミッタレてもいいから、日本の銀行の手数料はどうにかならないものだろうか。

　田舎にはヤミ換金のおじさんもいないし、銀樓でも換金してくれるのかわからない。銀行によっては警備員もいないし、外貨の換金を扱っていないところもたくさんあり。銀行員も私服で寝癖、机の上がぐちゃぐちゃでタピオカミルクティーが置いてあり、換金したお金を何に使うのか完全に興味で聞いてくる。楽しくて嫌いじゃないけど、時間はかかるので、さっさと済ませたかったら都会でやるのをお薦めします。

ATMの機械も日本より派手め。コンビニ内のATMは、クーポン付きやおまけのゲームみたいなのに参加するか誘ってくるので、ちょっと面倒くさい

Taiwan Basic 3

交通 ①

動くバス停?

アプリで
バスの待ち時間検索なんてできなかったし
MRTの路線もこんなになかった。
便利になりまくりの交通手段。

台北の市内バス＝公車（ゴンチャー）

方向が合っているのか、今どこを走っているのかもわからず、行きと帰りが同じルートを走らないところもあり、時刻表がなく延々と待つこともよくあり。そのうえ、バス停が動く！ 夜が明けると、台北の南京東路（ナンジンドンルー）、信義路（シンイィルー）はバス停が移動していることが……。客の気持ちを無視して、地下鉄工事の都合で平気でズリズリ動いていた。

これに慣れてしまえば、最近のバス事情は大きく向上していて、到着時間が電光掲示板で表示されているバス停もあれば、携帯のアプリでも運行状況の検索ができる。車体もきれいになって、車内にも次のバス停を表示している。昔は、今どこで次がどこかなんて知らせてくれなかったので、土地勘がないと怖くて乗れやしなかったけど、とても便利になった。

　さらに英語と日本語を丸暗記でアナウンスしだすバス会社まで出てきたほど。これは「首都（ショウドゥ）」というバス会社で、各路線、たぶん1ルート1回。喋りだしポイントは不明で、発音はまるで無視のナニ語にも聞こえない言葉を一気に話す。あまりにも突然だし、へたくそで聞き流されることもあるので、何のためにやっているのかわからないが、偶然聞けると企業努力を感じて嬉しい。図書館システムを積んだ小さな本棚があるバスが走ったりもしていたし（すぐになくなった）、同じ行き先のバスが列をなして3、4台ジャンジャカ走ってくることもあって、もったいない。

MRT＝捷運（ジエユゥン）

　風貌は日本の地下鉄に似ていながら、たまに地上にも出る。捷運は、直訳すると「新交通システム」というそう。高雄も2008年から開通し、台北もどんどん路線が増えていて、近々桃園国際空港と市内が繋がる予定。駅構内、車内がやたらと清潔なのは、改札の1歩手前に黄色の線が引

いてあって、そこから先を飲食禁止としているから。水もガムも口に物を入れたらダメで、バレたら高額の罰金。どこでも食べて、平気でこぼす台湾人だから、これくらい脅さないとダメなのだ。

注1
カードの中国語は、タイ語みたいに"カー"と言う

プリペイドカード、台湾版Suicaの悠遊卡（ヨーヨーカー）(注1)は台北市内のバスでも使える。台北市内各所の無人レンタサイクル、YouBikeもこれでOK。機械が設置してあれば、台鐵（鉄道）の支払いもコンビニ、スタバ、スーパー、タクシー、台北市内の駐車場でも可。

新幹線＝高鐵（ガオティエ）

台北―高雄に2007年から開通した。新幹線は高鐵（ガオティエ）といって、高速鐵道の略。「鐵」は繁体字で、「鉄」を示す。車内は、新しくてきれいでかっこいい。車体の外観が黄ばんじゃってるのは、開通時に新幹線を洗う機械をいじくって車体が機械に入らなくなったから。だいぶ長い間手洗いしていたそうだ。

乗車券は日本より安い。チケットの予約購入は、台湾の身分証明があればネットで予約でき、少額の手数料でコン

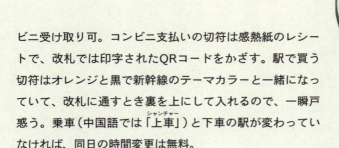

ビニ受け取り可。コンビニ支払いの切符は感熱紙のレシートで、改札では印字されたQRコードをかざす。駅で買う切符はオレンジと黒で新幹線のテーマカラーと一緒になっていて、改札に通すとき裏を上にして入れるので、一瞬戸惑う。乗車（中国語では「上車」シャンチャー）と下車の駅が変わっていなければ、同日の時間変更は無料。

ここまではとても便利。でも、駅の券売機。おつりが全部コインで出てくる。どうしちゃったんだろうか。支払いにお札は使えて飲み込むくせに、お札のおつりが出せない。500元なら50元10枚を堂々と出してくる。800元分は、16枚。950元分のおつりなんて間違ってももらわないようにしないと、財布がハンバーグみたいになっちゃう。でかい図体した機械で、なんともトロ臭い。ちなみに、MRTも似たような図体で、高額のお札が使えないのがある。近所に同じ大きさの両替機が設置されているので、そこでわざわざ両替だけして券売機に戻って購入。大きい体で、中に何が入ってるんだ？　開けて見てみたい。開けたら人が入ってたりして。

切符の販売機は、中に算数の不得意な小学生が入っているのかも。大きいし、微妙な時間をかけておつりをたどたどしく出す

新幹線駅は、台北、高雄以外は、鉄道駅と離れているので、街中まで遠い。そのへんは肝に銘じて。

鉄道"台鐵"（タイティエ）

台湾鐵道を縮めて台鐵（タイティエ）と呼ばれる鉄道。車体、駅弁、車窓など、地方の場合は駅舎を含め、もろもろ昭和っぽい。スピードもゆっくりで、旅情を楽しみたい人にオススメ。車窓、車内のローカルな感じが楽しく、車両はレトロなだけに、席がゆったりしているので、駅弁を食べることをお勧めする。座席にテーブルはないけど。

おべんとおべんとワイワイ

駅弁は肉とおかずをご飯の上に乗っけて、詰められるだけぎゅうっと詰めた、茶色の食いしん坊の作ったお弁当。60元（240円）前後と安めで、メニューに特徴はなく、みんな排骨便當（バイグーベンタン）（カツ煮弁当）か鶏か、あって素食便當（スーシーベンタン）（ベジタリアン弁当）。近所で作った出来たてを売るので、どこで買っても薄ら温かいのが嬉しい。おすすめは、米どころ、池上駅の駅売り。台湾中に池上便當（チーシャン）のまがい物があるほど有名で、「ベントーン」と台湾語化した日本語がホームに響く。短い停車時間に売り買いするので、弁当のために走ったりする姿に興奮する。

駅のホームで電車の停車中を狙って駅弁を売る駅売り。今は、台北から近い福隆と米どころ池上のみとなっている

弁当の基本は、仕切りで分けたりせず、ご飯の上にオカズがどん！ オカズの味がしみたご飯がたまらない。聞くところによると、駅弁文化は日本と日本の影響を受けた台湾のみ。当時のみんなの憧れの旅は、台鐵で駅弁を食べること

台北駅

台鐵だけのものだったこの駅。MRT＝捷運が2路線、高鐵が加わって、長距離バスの客運も京站（カァユゥン ジンヂャン）ともつながって、台鐵、高鐵、捷運、客運と巨大になった。

2階にはフードコートが広がり、1階も東京駅のエキナカみたいに、お土産、食べ物屋、鉄道グッズを売っている。発展にともなって改装を繰り返し、地下が蟻の巣のように何層にもなっているので、私のような方向音痴は何年経っても迷う。標識も最短ルートを表示しているわけではなく、たどり着けるルートを左へ右へと、よかれと思ってあっちこっちにたっぷり掲げているので余計迷う。現在進行形で変化しているので、ナメると怖い。

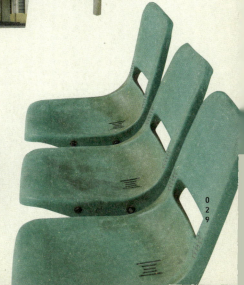

日本統治時代に作られた台湾鐵道は、今も当時の駅舎が残る。写真は高雄（ガオション）。この隣に現在の大きな高雄駅がある

盲腸線といわれる、台湾の中部にニョロリと生えたような形で延びる、集集線。ダムを作るための物資運搬用に作られた線で、30キロ弱の道のりは、台湾レトロを楽しむ人で賑わう。写真は、集集駅。日本統治時代に作られた駅舎を復元したもの

小バラの鉢をたくさんぶら下げて職場空間をメルヘンチックに演出

よく見る、バイクを過信しすぎた荷物運び。排気口がふさがってないか？

ちょっとした家具を運んでくれるときもある

Taiwan Basic 4 — 交通 ②

タクシーはリアル演歌の世界？

タクシーはまさにロシアンルーレット。乗ってみないとわからないお楽しみたっぷりの玉手箱。多すぎるバイク乗りはもはや強盗にしか見えない？

サイズ感ぴったりのシートカバーは下着

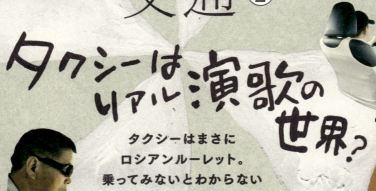

運転席の隣に座ったら、入れ歯があった。怖かった

バンパーが取れたのをガムテープで几帳面にくっつけている。赤いガムテで

タクシー

タクシーはかなり安全。でもやはり粗悪なのも混ざっているので、台湾では車体のきれいなのを選んで乗ったほうがいい。経験からいって、きれいな車はトラブルが少ないのが理由だ。

身の上話好きの運転手が多く、そのほとんどが波瀾万丈伝を持っている。物語はだいたい元会社経営者で事業に失敗したところから始まり、よく聞くストーリーは身内が日本にいるというネタ。あまりに似た話なので、運転手の間で流行っている作り話かもしれないという疑いもあるが、そのうちの1つをここでご紹介します。

「家族が日本で、昔はバリバリの社長だった」という複合タイプの話。車内に貼られた運転手の身分証明写真は、その日運転手さんが着ている服と同じだった。だけど、実物は別人のように痩せこけ、かなり老けていた。私がそれについて話しかけたことから運転手さんの話がはじまった。

──当時、経営していた会社は儲かっていて、財産もたくさんありハッピーな生活を送っていた。夫婦仲も良く、妻のことが大好きで大好きで、それまでは喧嘩をしたことすらなかった。それが2年前。夫婦生活始まって以来の大きな喧嘩をしてしまった。その喧嘩に奥さんの姉が介入し、こじれ、突然の離婚……。義理の姉の入れ知恵で、財産も会社もすべて取られてしまった。可愛いひとり息子は、小学校のときに東京ディズニーランドに連れて行ったら日本に住みたいと言い、日本に住んでいる妹に養子として預けている。今は大学生になり、途中で帰国させると兵役に行かねばならないので、そのままに。子供とも、もう何年も会っておらず、今

は連絡も取っていない。すっかり日本で妹の子となってしまい、自分の存在すら忘れている。そして、別れた今でも大好きな奥さん……。

この一件ですべてやる気をなくしたこの運転手さん。毎日泣いて暮らし、1ヶ月で20キロも痩せてしまった。長く住んだ台北を離れ、故郷でタクシーの運転手をしているけど、頼れる親戚も知り合いも誰もいない。今はスラムのような村に住んで運転手をしている――

中身が真実か否かはさておき、こんなお話を聞いたのは事実。

このほか、よくいるタイプの運転手さんは、客が日本人とわかると、黙って日本演歌専門のDJになる。音楽を変えてくれるのだけど、ひたすらド演歌だ。この手はすごく多い。あと、車内が個性的なタクシーも多い。

最後に、タクシーの基本情報も少し。初乗りは、台北は70元から。高雄・台中は85元。各都市、初乗り料金は違うし、地方に行くとメーターじゃなくてだいたいの言い値も多い。領収書は手書きが多いので、運転手がめんどくさがって無記入のものをくれる。出張で来て領収書の出ない消費をした場合、この紙で自由に金額を書いて穴埋めできる、日本人出張者には大人気のシステム。

レンタカー

あまりに民間交流が発達しすぎていて忘れがちだけど、国交がないことになっている日本と台湾。国際免許は使えないけ

ど、日本の免許証がそのまま使える不思議な協定が結ばれている。日本ではJAFで免許証の中国語訳を作成してもらえば、台湾での運転が可能になる（注1）。ところが実際は、レンタカー屋が外国人を嫌だと言って貸してくれないことが多い。大手でなければ、何を言っても全然貸してくれない（大きな会社、"格上租車"〈注2〉や"台湾オリックス"〈注3〉はOK）。交通違反や事故のときに外国人だとトラブル処理が厄介で嫌だというのが理由。中国語が話せても台湾在住でも断られるが、台湾人の免許証を借りてくれば、「それで貸す」とあっさり言ってくれる。自家用車サイズのレンタル料は日本と同じくらい。

注1
運転免許の中国語訳は、自分で作ってはいけない。厳密には、日本台湾を含め3ヶ所での入手方法がある。（公財）交流協会台北事務所：http://www.koryu.or.jp から「台湾における日本の運転免許証による車両の運転について」で検索可

注2
格上租車URL
https://www.car-plus.com.tw/

注3
台湾オリックス
http://japanese.orixauto.com.tw/

バイク

バイク数が人口を超えているという話もあるほど、台湾の重要な交通手段、バイク。外国人も気軽によく乗っているが、事故がとてもとても多いので要注意。レンタバイクは、地方都市ならパスポートレベルの大事なものを人質に渡しておくと、免許証の中国語版がなくても普通に貸してくれる（台南）。逆に田舎過ぎると、なんとお願いしようが、台湾在住の身分証明があろうが言葉が通じようが、絶対に貸してはくれない（台東）。でも、これまた免許を持った台湾人を人質に連れて行くとOKになる。

これも本当は違反。でも、あまり問題視されていない

台湾の人は本当に歩くのが嫌いだから、市場や夜市ではバイクにまたがったまま買い物をし、ヘルメットをしたままコンビニや銀行のATMコーナーでお金をおろす。ひどいのはヘルメット＆マスクを外さず入ってくる人。どう見ても強盗なんだけど、台湾人は慣れ腐って驚きやしない。

注:過去のものではなく、2015年、現代の写真

Taiwan Basic

5 滞在+観光

泊まるも 食べるも ハズレを引かないために

予想外の結果は旅の笑い話にもなるが
それでも当たりを多くしたい。日本にいながらにして
私だけのお気に入りを見つけるには……。

台湾限定 ファンシーに要注意

みなさんが普通に利用するのは、多分中級のホテル。これはラブホを兼ねていることが多い。お風呂がガラスで囲われていて、ベッドから裸ん坊が見え見えスケスケ。1人で泊まる場合はいいとして、出張で同僚と泊まる場合はややこしい。泊まっちゃったら、あまりいろんなところをいじくらないほうがいい。枕元の引き出しからコンドームとかが出てくるから。

この手のホテル、なんの断りもなく台湾全土に広がっているので、泊まってみないとわからない。特に台中は、豪華モーテルのメッカなのでラブホ系に当たりやすいが、これを逆手に取って堂々と入ってみることをお勧めする。明らかにラブホやモーテルなところは、リーズ

ナブルな値段で、部屋の中にプールや映画の鑑賞用のモニターまでついていることがある。大勢で泊まって、お菓子を持ち込んでカラオケパーティーを格安で楽しむ台湾の若者もいる。参考にしたい利用法だ。台湾の宿は、人数計算ではなく基本部屋売り。何人泊まってもいいのでこんな使い方もできる。

民宿(ミンスー)というカテゴリーもあって、ペンションだったり、いわゆる日本の民宿だったり、ホテルより高いプチホテル級なのもあれば、歯ブラシもついていない、殺風景な寝るだけのところもある。なんにせよ、最近は1万円前後で小ぎれい＋便利な宿は、すぐ埋まっちゃうから早めの予約を。台湾の貿易センターで大きな見本市をやっているときは部屋不足になるので、そのへんも要チェック。

西門町にある宿のサービス。部屋に入ると、テーブルナプキンのように様々な形に畳まれた布団がある

宿泊でもなんでも、日本から想像を膨らませてきたせっかくの旅行にはずれは味わいたくないもの。私は、今や台湾以外の国でもはずれが少ない体になった。日本から来るメディアの取材のお手伝いをしすぎて、特別な嗅覚が染みついた。お店に入った瞬間「ここ、イケル」とか、ネットで見て、「あ、これ、だいぶ上げ底しているな」とか、そういったことがすぐわかる超能力みたいなもので、何を見て判断しているかは自分でもよくわからない。無理に伝授するとすれば、チェック項目は以下。宿泊先や食事の場所を探す際の足しに少しでもなれば、と思います。

ネットや宣伝に使われている写真の色はわざとらしくないか？

　色がわざとらしいのは、捏造にもつながる修整の始ま

見にくいけどもち肌のおじさん。「このデータしかないんです」と恥ずかしげに見せてきたPR担当のパソコン画面を撮影したものなので残念ながら歪んでいる

注1
安くて早い、気軽な大衆飯屋。屋台も簡単な食堂も、レストラン以外はみんなこれ

り。過去の取材でもらった資料データの中に、間違えて修整前後の写真の両方が入っていたことがある。建物の塗装がはげている部分を修整していた。やっぱりいろいろやってるんだなあと思った出来事の1つ。この話のついでに、ある大型ホテルのエステの資料映像も思い出してしまった。修整ではないけど、2人用の部屋の施術写真でカップルプランかなんかを表現したかったのか、1人は中高年の女性。もう1人がシチサン頭のお父さんで、うつぶせになって揉まれていた。白いもち肌でぶにょぶにょしていたのはお父さんのほう。見た瞬間に吹き出すほど衝撃的な写真だったが、その写真を差し出すPR担当も自覚していて恥ずかし気だったのが忘れられない。

小吃店（シャオチーデェン）(注1)の場合、"なんでも屋"でないか？

何屋であるか、イチオシの商品が何であるかハッキリわかるなど、一投入魂の店はまずおいしい。物にもよるが、営業時間が食事時だけで終わって昼食と夕食の営業時間の間に休みが入っているのは、店主がスタッフを大事にしていることの表れ。ひいては、店を愛していることにつながる。台湾人は大人でも昼寝を重視するから、午後休みがあるかないかは重要なポイント。

設備が古かろうが、内装に気を遣っていなかろうが、台湾人の適当さを加味したうえで、ある程度の清潔さがあるか？

古さが個性になっている店は除く。自分の仕事をリスペクトしている店には清潔な店が多いのです。食べ物屋ではないけど、以前、台北で絵の額装を頼んだことがある。飛び込みで入った1軒目は、道具も材料も仕上がった額もぐちゃぐちゃで、どこが作業場なのかわからなかった。狭い

店内に2台テレビが並んでいて、お父ちゃんとお母ちゃんが別の番組を見ている。こうすれば夫婦喧嘩がなくていいんだよと大らかに笑うので、私好みと勘違いしてしまい、大事な作品を預けたら、でき上がりの墨絵の作品には額装したときに木のカスみたいなゴミが入っちゃって透けて見えていた。

とあるファンシーな宿の部屋の隅。きのこ型のテーブルや椅子が生えていたので、記念撮影

ファンシーなキャラがある店

カフェにしてもホテルにしても、ロゴやら、使っているものにファンシー感があったら、だいたい、テンションの低い経営者と私は思ってしまう。ファンシーは、台湾では一般ウケがいいので、ビジュアルにそれほど考えがない場合、ファンシーに走ってごまかしていることが多い。そういったお店は得てして、全体的にこだわりが薄い。

自分の店を必要以上にすごいと、店主が自ら発する

台湾人は堂々と自慢をする人種であるのが気持ちいいが、それでも言い過ぎな感じが鼻につくときは、やっぱり怪しく口ほどにもない。雑誌の記事などで、経営者のコメントに自慢がちらついたら、近づかない。

どれも当然といえば当然のことなんだけど、旅とは盲目になってしまうもの。たいしたことない物がよく見えたりする。一生、盲目のまま気づかずに生きていけるならそれも幸せだけど、いつか気づくものなのでこんなポイントも頭の片隅に入れておいていただけたら。ファンシー系を除けば台湾以外でも使えます。ファンシーチェックは、台湾限定。もちろん、私は超能力があるので、これら以外にも瞬時に判断しているところもあります。

文房具によく見られる台湾ファンシー。これは、もっこりふわふわシール

Taiwan Basic

6

衛生

日本と台湾 差し引きしたら 大差ナシ

注：ホクロ毛

暑い国だし
視覚的に入ってくる様子が
日本と違うので
旅行中、飲食の安全は
気になるところ。
でも実は……。

ホクロモは怪しいけれど

ここ台湾では、衛生状態が問題で腹を下すことはまずない。お腹が痛くなったとしたら、食べ過ぎか、もともとの体調不良、辛いものを食べた、もしくは、日本の自宅でもどこでもその日は"腹下しに注意"と出る運勢で、台湾には関係ないはず。高温で調理したものを温かいうちに出す料理が多いので、こういったらなんだけど、たとえ不衛生な店に入ってもあたる確率はとても低い。

確かに、気候と屋台文化のせいでゴキブリはデカくて多くて、ぱたぱたと自由に空を飛んだりする。自分の家を清潔にしていても、人口密度の高い台北は集合住宅が多いので、排水溝からも上がってくる。その昔、12階暮らしだったときは、窓の外から飛んで入ってきたこともあった。夜中にゴキブリに頬を噛まれたこともあった（寝ていたらチクッとしたので頬を払ったところ、怪しい感触だったので飛び起きて、電気をつけると枕元からサササササーと黒いものが逃げていった。ゴキブリに犯されたショックで長らく精神的に大変な思いをした）。

バイクが多いから都市部の空気は汚いし、屋台ではビニール手袋をつけているが、そのままの手袋をつけた手でお金をもらっておつりを出し、そのままの手袋で客に出す食べ物を触る。この場合、手袋は自分の手荒れを守るためにつけていると考えられる。屋台では、お皿にビニール袋をかけ、その上に料理を載せて使う。皿を洗う手間を省いているのだろうが、ビニール袋には街のホコリが静電気で

たくさんくっついているんだよ、と教えてあげたい。そして、洋式トイレで便座の上にしゃがんで用を足すおばちゃんがいるので、便座におしっこがかかっていることもある。

でも、日本より衛生的な面もたくさんある。暑くて湿気の多い国だから、みんな夏はよくシャワーを浴びている。毎日頭を洗っているのかどうかはわからないけど、髪が油でぺったりしてこってりした匂いを放つまで放置する人は、日本より断然少ない。日本では通勤ラッシュがあるせいか、人間同士が近づくことが多くて、どうも匂いが気になるのは私だけだろうか？ 台湾ではSARS以降、飲食店でこぞってマスクをつけるようになった。マスクの位置が地味にあごの下という人もいるが、それはご愛嬌。

マスクの定位置は顎の下で

たまにいる台湾人の長く伸びた小指の爪の件については、鼻クソや耳クソを掘るためではないから心配はいらない。おっちゃんに達していない男性や女性も伸ばしているが、"防小人"(ファンシャオレン)のおまじないで、小指が短い人は小人が忍び寄ってくるのを心配して、爪を伸ばすのだ。小人とは、コロボックル(注1)ではない。子供でもない。陰でコソコソ嫌がらせを企む徳の低い奴、という意味。だから、あの爪は鼻クソ耳クソに使うためではない。汚くない(と信じている)。

注1
アイヌの伝説に出てくる小人

ちなみに、若い娘でも悪びれもせずヒラヒラさせているホクロ毛があるが、これも取ったら死ぬとかいう迷信があり、娘を不細工にさせている。ホクロ毛人口は、日本人より断然多い。抜かないで残すからDNAで次の世代に遺伝しちゃうのか？ とにかく、爪も毛も汚くない、怪しいだけだ。

資料提供：20代のホクロ毛娘

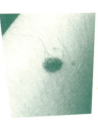

お年寄りには目をつぶって

　衛生と関わりの深いニオイの話をするとしたら、街で臭う原因は、ほぼ繁華街の飲食店からのもの。これは日本も台湾も同じことだ。そのほかに台湾で臭うとしたら、臭豆腐。これは食べ物だから、納豆、クサヤと同じこと。

　この世でニオイを放つものを考えたら、どこの世界も原因は人間。台湾人の場合は、ニンニク臭を発する人は多いけど、胃や歯からの悪臭を放つ人が少ない。ちょこちょこよく水を飲むし、お腹がすいたら勤務時間中の職場でも、食べても誰もとがめないから、胃が弱らないのかと思われる。その点、日本人は、空腹や喉の乾きを極限まで我慢して働くから、相当数の人は口臭がひどい。フリスクが売れるのが何よりの証拠。日本の電車で臭うものは、ほぼ口臭。台湾なら、服の部屋干し臭。

　こうして、ニオイにまで亘って台湾の衛生を1個1個紐解いていくと、台湾の衛生面は心配がないことが私自身もわかってきた。ただ、例外として台湾のお年寄りで変わったことをする人がいるのは、頭に入れておいてほしい。

たとえば。昔、留学生時代に間借りをしていた家の大家さん。70代後半のおばあちゃんでオシャレが大好き。いつもマニキュアを塗っていて、お化粧もバッチリ。お出かけ前はファッションショーする、まあまあお金持ち。だけど、物の少ない時代を過ごしているので、少々行き過ぎた倹約家。

　安売りで買ってきた食材を冷凍庫の肥やしにし、賞味期限がとっくに過ぎているその肉や魚で、ごちそうを作って異臭を放ったり、化石化するほどキープした乾物から大量の虫が湧いていても、被害のなさそうなところを見繕って包装し直し、手土産にして使ったりするのはよくあること。私たち店子は、大家さんが作ったものを食べさせられないように必死で逃げていた。そんな大家さん。ある日、キッチンで台拭きを洗って干していた。そのとき、視界に入ってきた広げられた状態の台拭きは不思議な形。よく見ると、それは巨大な、のびのび黄ばんだブリーフ。アメリカに行って事業をしているデブの50歳近い息子さんの使い古しだった。そのパンツは目を疑うほど大きかった。

　この家では、こんなことはチョイチョイ起こっていたから、この大家さんの話だけでも本1冊くらい軽く書けそうだがやめておく。だって、今の台湾の発展を支えてきたお年寄りのこと。目をつぶって受け止めたい。

　ゴキブリのことはショッキングな事件だけれど、台湾のゴキブリが噛む品種というわけじゃない。それが、私のその日の運命だったんだと思う。外食は、屋台を含めて日本よりたくさんある台湾。絶対数が多いので、いろいろ目に

つくが、よく考えたら日本の屋台は素手で食材とお金を触る。台湾は、手袋をしているから目につくだけ。例の大家さんの息子のパンツはNGだけど、差し引きしたら衛生面は、日本と台湾大差なしになりそうだ。

ビニール袋のかかった皿

独特の風味とニオイの臭豆腐

Taiwan Basic
7

買い物

安くて美味い肉まん屋があるのに
コンビニの肉まんも売れている。
味よりも割引？ 質よりもオマケ？
台湾の消費者の心を動かすポイントは何か。

仙人のいる店

　日常的な消費は、近所の市場や街の出店、夜市、屋台、小吃店（大衆飯屋）など個人経営の店ですることが多い。これらは露天だったりするので、営業に天気が影響するという難点もあるが、融通が利くし、値切りも可。太っ腹で人情があって、無駄話も飛び交い、楽しいローカルに溶け込んだ買い物となる。

　市場の八百屋なら、薬味（葱、ショウガ、香菜、九層塔［台湾バジル］など）はオマケでくれるので、ちょこっとだけなら買わなくても済むし、おばちゃん度をむき出しにして、オマケに葱じゃなくて香菜をお願いするのも可能。

　ひと声かければなんでも味見ができ、量り売り（注1）なので毎日使う分だけ少量でも買うことができる。ほかにも市場には、パイナップルひと筋40年の老夫婦の店なんかもある。パイナップル博士のような売り手から、一年中いつでも一番美味しいパイナップルを買うことができるのだ。

　個人の店だとお金が足りなくてもなんとかなってしまうことも。あり金を出せば許されたり、今度でいい、ということもある。市場に限らず、小吃店、タクシー、バスでも許される。最高記録は、初めて行った店なのに当時のレートで5000円のツケができた。商品はお茶。気に入ったならお金はいつでもいいからと、私の名前も電話番号もいらないと持たせてくれた。その場に居合わせた見ず知らずの台湾人客（店主もよく知らない人）まで一緒に、「いいから、いいから」と強く勧めてくれた。この場は甘えてみたものの、未体験の出来事に落ち着かず、お茶に手をつける前に

注1
市場は、重さの単位はグラムじゃなくて斤（ジン）。台湾の1斤は600g。注文するときは半斤とか1斤といって注文。軽いものは両（リャン）という単位で表現。1両は37.5g。長さは碼（マー）90cm

返しに行った。このとき私と一緒に茶葉を持ち帰った台湾の友人は「いつか返せばいい」くらいの気持ちで半年ぐらいしてから堂々と返しに行った。

　こんなことでは、食い逃げや万引きが趣味の人も、台湾ではスリルがなくて盗みをしなくなるだろう。お金が戻らない心配はないのか店主に聞くと、答えは「貸した客が店を出て行った瞬間に貸したことは忘れてしまう。縁があったらまた会えるでしょう」と仙人のように遠い目をした。実際に仙人には会ったことないけど、台湾では出会える。

お得が大好き台湾人

もう一方の世界中どこでも大差ないコンビニ、スーパー、デパート(注2)、企業が経営している店は、日頃は安物はないけどバーゲンがある。ポイントが貯められて、クーラーが効いていて、待ち合わせにも使えて、自由に使えるトイレがある。

　台湾は、バーゲン(注3)が派手。安く買えるうえに、その安くなっているものを合計〇〇元以上買うとキャッシュバックがあったり、オマケがついてくる。いろいろくれる。でも、要らないものが多い。

　一年で一番のバーゲンは、10月。週年慶といって、ここを狙って買い物をする人もたくさんいる、豪快な安売り大会が、各デパートで繰り広げられる。お得が大好きな台湾人は、こういう企業戦略に面白いように引っかかる。

注2
台湾のデパートもコンビニも、ルーツが日本の系列が多い。新光三越、太平洋SOGO、統一阪急、コンビニは、セブンイレブン、ファミマなど

注3
バーゲンの表記は、9折(ジョウヂャー)=10%引き、1折(イーヂャー)=90%引き

野菜、果物は、市場かスーパー以外に果物屋という小売店の選択肢もある。うちの近所の八百屋は、甘いか甘くないかを聞くと、自信ありなしで答えてくれるという正直者。とても助かる

　コンビニも支払い金額に応じてシールを配り、集めると何かがもらえたり割引になったりするイベントをやるが、これがまた興味のない人にとっては、財布の中でシールがネチョネチョして煩わしい。貯めたところでもらえるものが、キャラクターもののちんちくりんなものばかり。どうしてか台湾人は、ファンシーとオマケに弱い。

注4
Welcomeの歌、CD化すれば微妙に売れるかも

　台北ではスーパーは、「頂好Welcome(ディンハオ)」がおなじみ。店内で流れるテーマソング（注4）は、テレビコマーシャルで使われているわけでもないのに、台北っ子なら、必ず口ずさむことができる。ここ数年、当たり障りのない女性の声から急にシャウトする男に曲調が変わったので、昔のバージョンが懐かしい。台湾のスーパーは派手な模様替えをよくするので、急ぎの買い物時で欲しいものが探し出せず焦ることもある。

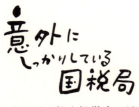
意外にしっかりしている国税局

　日本との一番大きな違いは、レシート・領収書。企業系の店では確実にレシートが出るが、個人経営店では「くれ」と言わないと出さない。欲しがっても平気で「ない」とも言う。さらに「欲しいなら購入金額に5％のっけるぞ、それでも欲しいのか」という返答もある。この5％は税金で、領収書を出すと国税局に収入があったことがバレるので「税金はアンタ払ってよね」ということだ。お店側の立場からすると、「黙っていれば、税金分安くしてあげてんのに」といったところ。

　きちんと登記している会社には、統一編號(トォンイービェンハオ)（縮めて統編(トォンビェン)）

という8桁の番号がついていて、領収書に売り買いする双方の統一編號がついていないと、国税局が経費として認めない。そのへんの文房具屋で買った領収書は、台湾国内では税処理上は最終的になんの役にも立たないことがほとんど。正式な領収書は2ヶ月に1度、国税局から売り渡される統一發票(ファーピャオ)(政府発行の領収書)に売り買い双方の統一編號を入れてないとダメ。2ヶ月経った統一發票は残りも写しの控えも含めまるまる国税局に返す。1枚1枚ナンバリングされていて、どの会社への領収か、いくらだったのかを国税局が熟知している。「あ、忘れたから1枚ちょうだい」ということはあり得ない。だから、統一發票を出したがらない個人事業主が多い。

逆に、スーパー、コンビニ、デパートでは、最初っから「需要統編嗎?」(シューヤオトォンビェンマ)(統編必要?)と聞かれる。大企業はみみっちいことは、ここでは考えていない証だろう。印字されて出てくるレシートも国税局管理で宝くじ機能をつけているから、消費者が自主的に「(宝くじあるんだから)くれ」と欲することになる。お得が大好きな国民性を国税局までもが利用して、脱税防止を図っている。

台湾には、それはそれは美味しい手作り肉まんの屋台があるのに、工場で作られた素っ気ない肉まんをコンビニで買う人もいる。安価なドリンクスタンドで甘さや氷の量をカスタマイズできるのに、ペットボトル飲料も共存する。いつまでたっても台湾人がどういう物差しで消費の場を決めているのか謎な部分も多いが、コンビニ、スーパー、国税局が、オマケ好きを利用していることは確か。

これが、国税局発行の統一發票。二聯と三聯があって、二聯は個人宛(統一編號〈トォンイービェンハオ〉がない人)に切る領収書。三聯は相手が法人で統一編號がある人向け。裏が写しができるようにカーボン紙が仕込まれていないので、昔懐かしいカーボン紙を挟んで、税金を計算して、銀行同様、画数の多い漢字で書かないといけない。かなりモタつく。ぐずぐずされるのが嫌で、要らないと言う人も多い。国税局は税を儲けたかったら、せいぜい裏をカーボンにすればいいのに

Taiwan Basic

8

言語

台湾の言葉は
台湾のお椀の
中と一緒

へんな日本語の使い方もする
さまざまな言葉が飛び交う国。
ㄅㄆㄇㄈ、ふんがぁー、ひよぉ～。
アリアド、シンプッキッ！
台湾のごはんの食べ方のように、まぜまぜだ。

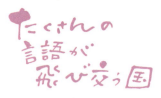
たくさんの言語が飛び交う国

台湾の公用語は中国語だ。表記文字は、中国で使われている簡略化した簡体字と違って、昔ながらの繁体字（注1）を使っている。ちょんちょんとだけ書いているところが、糸だったり（例：楽→樂）、火だったり（例：栄→榮）、どの字をとってもコッテリしている。ひらがなもカタカナもない世界で画数が多くて大変だけど、字の成り立ちがわかる美しい文字。台湾人は、この繁体字を誇りに思って使っている。

様々な言語が飛び交っている台湾。中国語のほかに台湾語というのもあって、多くの人がこの台湾語も使えるバイリンガルだ。中国語がわかれば理解できるわけでもなく（例：日本語のかわいい＝中国語：クァーアイ・台湾語：ゴーヅェ）、「方言」というひと言でも言い表せない。福建（フージェン）をルーツとした古くから台湾にいた人たちの言語で、蒋介石（ジャンジェシー）と一緒に後になって中国からきた人たちは使えず、たとえ使っていてもちょっと下手クソらしい。

台湾には日本統治時代があったため、たくさんの日本語が外来語として使われている。たとえば、「ドライバー」（ねじを巻く工具のほう）、「うんぢゃん」（運転手）、「ベントン」（弁当）、「オージーサン」（日本のおじさんより年齢高めで、おじいさん的扱い）、「オーバーサン」（日本のオバサンより年齢高めで、おばあさん的扱い）、「キモチィ」（心情、心とかハートのニュアンス）、「アァサリィ」（味噌汁の具のアサリじゃなくて、人の性格に使う「サバサバした」の意）等がある。

注1
日本でも旧漢字の中でときどき見かける、こってりしたあの漢字

日本統治の時期と関係ない「アナタ」という単語もある。これはYouではなく、「你的アナタ」なんて使い方をする。直訳すると「あなたのあなた」になっちゃうが、「あなたの恋人」が正解。演歌の世界から来たと思われる「ホレタあんた」限定で使われるアナタだ。それから、日本人の「サンキューベリーマッチ」のように使われる、台湾人全員が使う日本語もあるが、日本人に聞かせても1発で通じないこともある。例：「アリアド」（ありがとう）。

ほかにも台湾は原住民や客家族もいて、それぞれ言語がある。客家語については客家の友達もいるが、彼らが使わないのでどういう言葉が客家語なのか正直わからない。原住民語のことは、原住民の友達で原住民語を喋りたがる友人がいるので、私でも知ったかぶりできる。

客家のことを知らないのは、私が悪いのかと聞いてみたら、客家も原住民の言葉も両方ともひと言も知らない台湾人がほとんどだとわかった。客家語は、台北のMRTのアナウンスで、中国語、台湾語に続いて流れるので、台北に来るチャンスがあったら意識して聞いてみてほしい。原住民語は、残念ながらMRTのアナウンスには登場しない。

原住民が歌を歌うワケ

原住民は台湾の全人口の2％。現在、台湾政府が認定している部族は16部族で、それぞれ違った言語と習慣を持つ。台湾全土を走る台湾鉄道では、花蓮を越えた東部に入ると阿美族語もアナウンスに加わる。全部の部族のアナウンスを入れたら、たぶん、休

む間もなく次の駅に着いてしまうので、ここは原住民最大勢力の阿美族語のみ放送される。政府認定の部族数はどんどん増えていくが、前人未踏の地から新たな人類が新発見されたわけではない。昔は、集落１つ１つが独立した国家同然で、現在同じ阿美族に振り分けられていても、昔はまったく別の集落の人間同士。習慣や言葉の使い方が微妙に違ったりするので、「おらんとこの村をほかの奴らと一緒にするでねぇ」と思っている部族がいて、新たに政府に認定を迫るので増えつづけている。

　今や、この原住民も中国語を使っている。どの部族ももともと文字を持たなかったので、文化の消失が激しく、新しい世代が原住民の部族の言葉を話せないという問題がある。言葉が消えていくのを防ぐために、最近ではローマ字表記を使い始めたが、昔は、文字がないのでみんな歌にして伝え残していた。そんなことで、今でもやたらと歌ばっかり歌う。

　原住民の言葉にもたくさん日本語が入りこんでいる。「シンプッキッ」（扇風機）、「タマグッ」（たばこ）、「トッキッ」（時計）、「ヒコッキッ」（飛行機）等。多くの外来語が日本語だ。原住民の生活文化になかったであろうものを考えて、縮めて、甲高い声で、最後は促音にして、原住民の微妙な訛りの癖をまねて原住民のおばあちゃんに言ってみると案外通じる（実験済み）。部族の言葉しか話せないお年寄りが、異なる部族同士で会話するのに、今も日本語を共通語としている。

　このように多数存在する台湾の言語の最大の特徴は、注(チュウ)

注2
篆書（てんしょ）などをアレンジして表音文字にした、台湾で使われる発音記号。1〜3文字で中国語の1音節を表す

　注音符號（注2）という発音記号があること。その記号は、ㄅㄆㄇㄈという漢字のパーツのようなもので表記し、bopomofo（ボーポーモーフォー）と読む。こんなヘンテコ文字が37文字もあって、よみがなにつかったり、パソコンの入力にもこれを使う。こちらの小学生は、ひらがなのように注音符號を習ってから漢字を習う。ちなみに、私は30歳のときに中国語を勉強したので、聞いたこともない音を見たこともない記号で暗記するのが、砂漠に水を溜めているような気持ちになった。

　そして、最後に台湾式中国語の変な音について。台湾語らしいが、台湾語が話せなくても誰もが使う、鼻にかかった声で「へぇやぁ〜」「ふんがぁー」と言う相づちがある。これは、日本語の「うんうん」にあたる。完全にリラックスし切って、うっかり口が開いて音が漏れてきたようなイメージ。語学学校でも触れない超口語、台湾中国語では普通の会話によく出てくる。

　「ふんがぁー」は、ゴリラが頬張ってるときに鼻から漏れる音か、子供の頃見たアニメ『はじめ人間ギャートルズ』の中でしか聞いたことがなかったから、若い娘の口から「ふんがぁー」とは、どうしたことかと驚いた。娘に驚きを伝えたら「だからなんだ」という態度をされた。ほかにも、会話の最後に口を半開きで鼻から力強く言う「ほぉっ」（「だよね？」の意）、台中のほうに行くとまったく奇妙な「ひょぉ〜」（使い方はいまだに意味不明）もある。台湾の言葉は、1個のお茶碗にごはんもおかずもスープも入れて食べるあの台湾の食べ方のように、まぜまぜなのだ。

廣→广　虧→亏
個→个　關→关
習→习　廳→厅
廠→厂　蘭→兰

こってりした画数のほうが、台湾で使われている繁体字。右側のちょんちょんと書かれているほうが、中国で使われている簡体字。「廠」も「廳」も广（マダレ）があるのに、「廠」だけ「厂」で済ます簡体字。誰が決めたんだか。ルールがあるのだろうか

Taiwan Basic

9 歴史＋文化

年表
東インド会社オランダ 1624
鄭成功 明朝 1662
清朝 1683
日本 1895
国民党 中華民国 1945

永く久に変わらないもの

素直な国民性に外国かぶれも目立つけど
垣間見れたおばあちゃんの日本への想いは肝に銘じたし！
どんなにかぶれても台湾は変わらない。

台南に行くと鄭成功になれる

日本と台湾

台湾は、いろんな国が入り込んだ歴史を持つ。オランダ、スペイン、ポルトガル、だいぶ経って日本が統治し、アメリカ軍がいた時期もある。海の潮の流れがいい位置にある島というのも理由なのだろうけど、人を引きつける磁石が島の下に仕込まれてるのではないか。北回帰線も通っているし、緑もワッとしてるし、九州ほどの面積に富士山より高い山がぎゅっと伸びているから、地下にすごい磁場があって人間が吸い寄せられている可能性もおおいに考えられる。私の

ように台湾に数日来ただけで住み着いちゃう人は、島が沈没しちゃうくらいにたくさんいる。

　私は台湾の歴史もろくに知らずにここに住み着いた。日本では知らなかったことを現地の台湾人から聞いて学んだ。日本が統治していたことを最初から知っていたら、日本人がいじめてたんじゃないかと気になって台湾には来なかったと思う。

　住んでみると、日本人というだけで無条件に好いてくれる人が多く、逆にテレ臭い思いをする。
　日本統治時代に、道路、鉄道、農水路などインフラの整備と教育、政治を整えて国づくりをすすめたためか、日本に学んだことが多いと思っているお年寄りはたくさんいる。その子供や孫に日本びいきが継承されているが、お年寄りと日本語で話してみると、軍人口調というか、うっすら上から目線の語り口。日本人にそんなふうに話されていたの？　と少しドキッとした。

　日本語教育を受けた世代のおばあちゃんから昔の話を聞いたことがある。日本統治時代、おばあちゃんの家は学校で唯一ピアノが家にあったお金持ちだった。日本人の同級生もこの家に集まってピアノを弾いていた。お勉強もクラスで一番だったけど、おばあちゃんは級長にはなれなかった。それをすごく悔しがっていて、彼女の昔話はモロその恨み節だった。やっぱり、という思いでいたたまれない気持ちになったけど、おばあちゃんの家には日本との交流の証がたくさんあって、大事に飾られていた。それを手に取ると嬉しそうになって当時の話をしてくれた。

端午節の龍舟（ロンヂョー：ドラゴンボート）。端午節にはあちこちの川でドラゴンボートのレースが見られて賑やか

これはなんなんだろうと考えたら、日本が好きで頑張ったのに、自分のせいじゃなく日本人に認められず、級長になれなかったおばあちゃんの心情は、恋愛がこじれた嫉妬心みたいなものだと思えた。今の日本びいきの上に日本人があぐらをかいていたらいけない。日本統治時代が終わってすぐ、国民党が中国からやって来たとき、多くの人がそのやり方を受け入れられずにいたというから、運よく日本時代がよく見えているだけかもしれない。

本省人と外省人

中国語を話すのに中国が嫌いだの何だの言う台湾人がいる。事情を知らないうちは私も、「みんな中国がルーツでしょ？ なんで？」と思っていた。もともといる本省人は何世紀も前からいる人で、1945年以降、中国国民党がらみで入ってきたルーツの人が外省人といわれる。外省人も本省人も入ってきた時期と入り方が違うだけで、みんな同じ中国から来ている。

それが政治の話になると敵味方になって、国会で髪の毛掴んで弁当を投げたりケンカをしたりする。日本のニュースでこんなのを見ちゃうと敏感になってしまうけど、基本、選挙や政治に触れなければみんな普通に暮らしている。外省人と本省人同士でも、チューもすれば、子供を作る人もいる。いやだの何だの言っても、中国にも行くし、商売もする。一部のゴリゴリな人を除いて、一般的に普段は仲良く暮らしている。あるいはそのように見える。もしくは、台湾人が良くも悪くも忘れっぽいからか？ とはいえ、もとは台湾は先住民族の島だった。後からやってきた

台湾にはパワーがある神様が多い。写真は、月下老人という縁結びの神様。お願いごとをする場合は、心の中で住所氏名年齢を伝えて自己紹介をしないといけない

人たちがいがみ合うのも、先住民からしたら「アンタらナニしてんの」という話だろう。

話は飛ぶが、台湾はこれまた中国がルーツの農暦という暦で、季節の行事を中国人よりしっかりお祝いする。老いも若きも、例の中国と台湾を別ものと考えたい人でも、春節(お正月)、元宵節(小正月)、端午節(端午の節句)、中秋節(お月見)を楽しみ、縁のある食べ物を国中で食べる。中秋節には月餅と巨大な柚子を贈り合い、端午節はチマキ攻撃。国民全体が胸焼けと体重増加、冷凍庫は月餅やチマキでいっぱいになる。

台湾人は実体のある大きいプレゼントが大好きだから、日本のようにカタログギフトなんてものは更々使う気がない。お世話になった人たちがもらい過ぎで困っても、食べきれなくて捨てる確率が高くても、毎年絶対に送ってしまう。それはDNAにインプットされた、素直なナラワシ好きだから。たぶん、やらないと気持ちが悪いのだろう。電車やバスで年寄りや子供に競うようにして席を譲るのも一緒。そうするのが当然であって、やらなければ自分が気持ち悪いからやる。相手を変に勘ぐらない。実際は年をとっていない人にも、間違ったら失礼とは思わずに席を堂々と譲る。

歴史上いろんな文化が入ってきた台湾。日本や韓国の文化が流行ろうと、アメリカ帰りが増えようと、「季節の行事を祝うこと」と「年寄りや子供にやさしい」、これだけは、台湾は永久に変わらない気がする。

人間の頭より大きな桃マンは、長寿のお祝いの必須アイテム。割ると中からチビ桃マンがボロボロ出てくる

街のあちこちに廟(ミャオ)がある。寺の周りは、年中提灯がぶら下がり、お祭りのよう

廟のお祭り時に練り歩く、でかい人形。中に人が入って、お腹あたりに操作する人の頭がくると言ったら、でかさのイメージが湧くはず

おまけ

台湾の風景 ①

台湾人は自由です。台湾人は楽しいです。台湾人はお節介で、温かく、でも、図々しいです。台湾人を見ていると、私たちの心は解き放たれます。

STEP 2

「台湾をもっと知りたい」この気持ちが度を越えると、台湾に住んでみたくなってしまう。でも日本に似ているから、期待が外れたらガックリ。前もって対処法さえ知っていれば、台湾のアバタだってみんなエクボだ。

世界一日本に関心を持ってくれている台湾。台湾人が日本のあちこちに遊びに来ています。あなたが台湾に来たことがなくても、ここからはそんな台湾の余計なことまで知ってみる。もうそろそろ、そんな時期なんです。

Taiwan Basic

10

引っ越し

「手伝うよ」を あてにするな

引っ越しで台湾人を頼っちゃいけない。
引っ越しだけは、頼るべからず。
台湾人は途中で帰る。台湾人は寄り添うだけ。
何度でも言う、引っ越しだけは、台湾人を頼っちゃダメ。

台湾人唯一の社交辞令

　台湾での引っ越しは、お金で解決。これは、私の台湾生活座右の銘その1。

　「引っ越し、手伝うから言ってね」と何十回言われても、どんなに普段は頼りがいのある人から言われても、引っ越し屋さんに頼むべし。台湾人は確かに温かい。でも、感覚が違っていて最後までやり切ってはくれないし、一緒に引っ越しそばも食べたりしない。日本人ほどは社交辞令を言わない台湾人が、唯一言う社交辞令は、この引っ越しになる。「手伝うよ」この言葉を、日本の感覚で鵜呑みにするとひどい目に遭う。要注意。

　留学生時代は、台湾人を含まない留学生仲間でタクシーを使って引っ越しをしていた。長くいると物も知り合いも増え、申し出に甘え、台湾の知り合いに車を出してもらったこともあった。

　台湾人に初めて手伝ってもらったのは、お姉さんのように親しんでいた人で、わざわざ人に頼んで車を出してもらい駆けつけてくれた。本当にありがたかった。1度では積みきれず、何度か往復しなければならなかったけど、新居の地下駐車場のエレベーターに車が横付けできたので、管理人に駐車場のゲートを開けてもらって引っ越し開始。

　2往復ほどすると、その日は管理人さん、早めの退勤日

で、次の往復は駐車場のゲートが開けられないことが判明。すると、お姉さんは、「車が入れないんじゃ、今日はここまでね。雨も降り出したし、私たちは帰るから」と言って去っていった。「え、この状態で帰るの？」

両方の物件に荷物がほどよく均等に残り、このままでは、どちらも夜の寝床になり得ないのは百も承知。「地下に車の横付けができなくても、1階のエレベーターなら少し歩くけど荷物は運べるよ」と言う間もくれずに、助手席に乗ってさわやかに行ってしまった。

引っ越しを中断させるわけにもいかず、泣きながら雨に打たれ、1人寂しくタクシーを使ってようやく1往復。が、タクシーから道端に下ろした荷物の山が雨に濡れるし、部屋と道路を行ったり来たりしている間に、道端の荷物を誰かに持っていかれちゃいそう。ごはんも食べてなかったので、お腹ペコペコ喉もカラカラ。雨は本降りになり、空は暗くなってきた。

今更ながら、もう1人手伝いを強く申し出てくれていた、小さい車を持っている人が頭に浮かんだ。申し訳ないと思いつつも、意を決して電話で状況を説明するとなぜか運悪くすごく不機嫌。台湾は、大人でもストレートに不機嫌をあらわにする人が日本より多めに存在する。何かあったのか。不機嫌ながらに「なんで中途半端にして帰るような人に頼んだんだ、最初っから自分に頼めばよかったのに」と私とは無関係の何かでブリブリ怒りながら、だいぶ経ってから来てくれた。嫌そうに。

土足で家に入り、ワレモノ注意でもなんでも投げて、バンバンやりまくって、お礼の食事もお茶も、こちらから話しかけることもできない雰囲気のまま消えていった。

　その後出会った手伝いも推して知るべし。約束しておいて来ない。電話したけど出ない。やっとやって来た頃には運び終わっていた。新居に食べ物を持ってきて（自分の分だけ）食べ散らかし、段ボールの山の中でゴロゴロして、手伝うとか手伝わないとか言っているうちに、喰いかすを置き去りにして別のところに遊びに行っちゃった人もいる。あとは、男だから力仕事は任せろと仕切りまくるのに、びっくりするほど効率が悪く、前代未聞の長丁場になってしまったこともある。台湾人に頼んで引っ越しが順調に進んだことは1度もなかった。

　私的に引っ越しは、住み慣れたところを離れ、新しい環境への不安と疲れと寂しさで、結構おセンチになるもの。「引っ越しのお手伝い」という名目で来ておいてこの程度の動きとは、何たることよ。

　日本の引っ越しの手伝いなら、その日、新居で寝泊まりができるくらいまでの状態に持っていくことを目標に、関わった人間全員が気を利かせてぱっぱ動く。荷造りが間に合ってなければするし、もちろん荷解きも主人の指示にしたがってどんどん物を納めていく。飲み物も、気づいた人がみんなの分を買いに走り、掃除や片付けもチャッチャと進めていく。終わったら、引っ越し主のおごりで食事。みんなで労をねぎらい、転居を祝う。やりかけで見捨てたり、来て何もしない助っ人は見たことも聞いたこともなし。土足も、大遅刻も、荷物を投げたりもしない。

台湾では、引っ越しの「手伝い」は野次馬の口実。新しい家が見たい。または、大変だろうから顔を出して、そばにいて、寄り添って、働いている様子を見ながらおしゃべりをして、気持ちだけで応援をする。人の持ち物を触ったり開けたりするのはちょっと悪いと思っている。だから、引っ越す側も、手伝いの申し出を肉体的なサポートとは考えず、まったく当てにしないらしい。

マッチョでユカイな原住民の引越屋

ということで、台湾での引っ越しは、何があってもお金で解決。一般の台湾人はシャットアウト。日にちも教えず、プロの引っ越し屋さんにお任せするようになった。

引っ越し屋さんは数あれど、個人的な趣味もあり、〈原住民搬家公司〉（注１）にお願いしている。日本語でいうと〈原住民の引っ越し屋〉（原住民についてはp.54を参照）。マッチョで、安い、早い、面白い、ご機嫌ときている。無料でくれる段ボールが、彼らの故郷の村の果物の箱。しっかりした段ボールなので、ついつい重く詰めすぎてしまうが、マッチョな彼らはプラスチック製の巨大な黒い籠にその重い箱を３つも入れて、籠をおんぶした状態で階段を下りていく。山に芝刈りに行くバァさんのように、でも、籠

注１
原住民搬家公司
http://www.原住民搬家.tw

には背負い紐が付いていない。その巨大な縦長の籠を、全部おんぶで運び切る。籠に入らないソファーも机も洗濯機も、エレベーターなしの5階から、みんなおんぶで運ぶのはなかなかの見物。〈原住民搬家公司〉のホームページに行けば、大型冷蔵庫を1人でおんぶして山道を行く頼もしい写真が見られる（注2）。テレビ、パソコン等のケアもきちんとしていて、毛布で巻いて丁寧に運んでくれるのも安心だ。トラックやTシャツに大きく真っ赤で〈原住民の引っ越し屋〉と書いてあり、しっかりした会社だけど、予約電話をかけると「もしもし？」ではなく、第一声は「なんか用か？」と言ってくる。用があって予約電話をかけた客に「なんか用？」とは面白い。用は1つに決まってるだろ。

注2
http://www.原住民搬家.tw/example.html

　トラックに積み込むまでは驚異的な早さだけど、新居までの移動で迷うのか、ジュースでも買いに休憩してしまうのか、同時にタクシーで出発した私より到着が1時間以上遅いこともあった。褒めた後にけなして混乱するけど、原住民の彼らは肉体労働をしていると大声で歌を歌っちゃうので、引っ越しのおセンチはどこへやら、楽しい気分で引っ越しができる。

　引っ越し経験初期の頃、雨の中、途中で助手席に乗って消えていったお姉さん。その後、土足で入ってきた人のスニーカー。遅れてきてなんか食べながら私の働く姿を観察するだけの友人とその食い残し。いまだにそんな数々の映像が脳裏に焼き付いているけど、原住民の引っ越し屋さんがいるから、私は今日も台湾で引っ越しができる。

マンションのショールームの案内看板持ち

Taiwan Basic

11 住宅

屋上の小屋に住む

台湾では日本でできない暮らしもできる。
ビルの上にぽこっとのっかった
小屋での暮らしが完成するまでの
私の住宅物語。

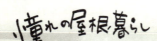憧れの屋根暮らし

以前、ビルの上にのっかった小屋を借りて住んでいた。

台北の街で上を見上げると、ビルとは明らかに違う調子で建てられた建築物がある。これは、頂樓加蓋（ディンロウジャーガイ）といって、人口密度の高い台湾で生まれた台北ライフの産物。たまに立派なのもあるけど、ほとんどは（掘っ立て）小屋。台湾人にはいいイメージはないようで、私が頂樓加蓋に住みたいと言うと、「夏は暑く、冬は寒い」「泥棒がはい上ってくるよ」とたびたび脅されていた。台北市内の壁を共有して立っているアパートより、日当たりも風通しもよさそうなので、台湾人の意見を無視して、私は日本にはない屋根暮らしをすることにした。

こういう物件のオーナーは、だいたいが正規に登記された建築物の最上階の持ち主。5階建てのビルだとしたら、その屋上に後から勝手に作り足して6階（？）風にしている。昔は適当にぽこぽこ建てていたようだけど、政府のチェックが厳しくなっている最近は、違法建築になってしまう。でも、過去のものまで罰したりはせず、新しく建てたときにバレたら撤去罰金。バレなきゃオッケーという適当な定めによって管理されている。だけど、バレる。近所が公共機関にチクる。台湾はチクリで秩序が守られている社会。だから、新しく建てられることはほとんどなくなってきたので、頂樓加蓋もそのうち台北では珍しい風景になるのかもしれない。

　私が住んだ小屋は、駅に近い立地でお店もたくさんある便利な場所にあった。屋根もトタンではなくコンクリートでできているので、"熱い""寒い""泥棒"といった、みんなの三大懸念事項はクリア。一般的に頂樓加蓋は、トタン屋根で外気の温度変化がつらいと言われている。

　1階で鍵を開けて建物に入り、階段を上がり切ったら、鉄の扉の鍵を開けて屋上に出る。屋外を少し歩いて小屋のドアになる。初めて来ると1回入ったのにまた外に出るのが楽しいらしい。賑やかな場所だけど、道路や街のゴチャゴチャは目線の下にスッと隠れ、背高く伸びた公園の緑だけが視界に入るので、見てすぐ気に入ってしまった。

　この小屋も、もれなく掘っ立て小屋で、住居にするには改装が必要だった。家具もなく、長方形の1室のみに後づけしたトイレとシャワーが四角く飛び出ている。小屋の長

方形の床は、細長く半分っこされ、半分向こうがベニヤで作られた10センチ高くなっている床だった。意味なくど真ん中に10センチの段差が横断していて、手前は同じ面積でタイル張りだった。高いほうも低いほうも長細くヘン。キッチンもない（注1）。

大家さんには借りるときに少し手を入れる了解をとった。ほとんどの大家さんは、改装費用の負担と、変にされること（もともと変なのに）を心配するから、改装費用はこちら持ちとはっきり言う。大家さんが気に入らなかったら、現状復帰を約束。外にガス台を置いて青空キッチンを作るからと、火の用心を約束し、改装をした。

工事の見張りは施主本人

台湾で初の改装。人脈もなかったので、現場監督のような人を紹介してもらい、職人さんと材料の手配をしてもらった。台湾は、水道屋が電気屋に、電気屋が水道屋になるという兼業だ。水電工（シュエデェンゴン）といって、どうせ壁を打ち抜くんだから配管も配電もやっちまえ、濡れた手のまま配電したらシビレるぜ、的なプロっぽくない感じの方が来る。ちなみに大工さんは、木工（ムーゴン）というジュゴンみたいな呼び名。

塗装の担当もバイトっぽい人がビーサンでやっていた。下処理はもちろんせず、マスキングもせず、汚し放題たらし放題で塗る。仕上がりはハケ跡だらけ。これは自分でやったほうがよい。どの職人も足場を組まず、手作りの木の脚立を股に挟み、脚立の段に足の甲をフックのように

注1
青空キッチンスペース
おくじょう
あとづけトイレとシャワー
床のスペース
屋上出るドア
10cm上がりタタミ

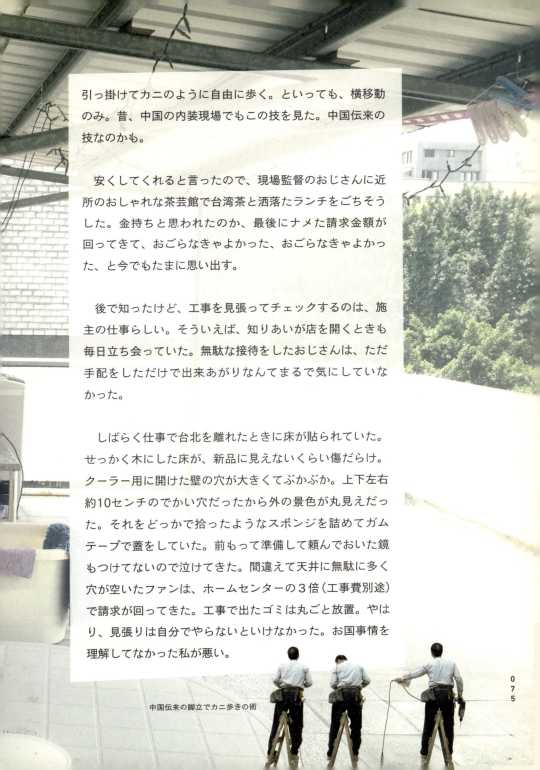

引っ掛けてカニのように自由に歩く。といっても、横移動のみ。昔、中国の内装現場でもこの技を見た。中国伝来の技なのかも。

　安くしてくれると言ったので、現場監督のおじさんに近所のおしゃれな茶芸館で台湾茶と洒落たランチをごちそうした。金持ちと思われたのか、最後にナメた請求金額が回ってきて、おごらなきゃよかった、おごらなきゃよかった、と今でもたまに思い出す。

　後で知ったけど、工事を見張ってチェックするのは、施主の仕事らしい。そういえば、知りあいが店を開くときも毎日立ち会っていた。無駄な接待をしたおじさんは、ただ手配をしただけで出来あがりなんてまるで気にしていなかった。

　しばらく仕事で台北を離れたときに床が貼られていた。せっかく木にした床が、新品に見えないくらい傷だらけ。クーラー用に開けた壁の穴が大きくてぶかぶか。上下左右約10センチのでかい穴だったから外の景色が丸見えだった。それをどっかで拾ったようなスポンジを詰めてガムテープで蓋をしていた。前もって準備して頼んでおいた鏡もつけてないので泣けてきた。間違えて天井に無駄に多く穴が空いたファンは、ホームセンターの3倍（工事費別途）で請求が回ってきた。工事で出たゴミは丸ごと放置。やはり、見張りは自分でやらないといけなかった。お国事情を理解してなかった私が悪い。

中国伝来の脚立でカニ歩きの術

自力でなんとかすれば愛着も湧く

そんな中、私の改装を聞きつけて小慢シャオマン(注2)が物件を見にきてくれるといういいこともあった。彼女はリノベーションが上手で、自分のお店や住まいだけでなく、よく人にも頼まれて内装を見ているほどのセンスの持ち主。誰に見せても、ここに住むのか？と笑われていた私の物件を褒め、相談にのってくれた。

ベッドを買うつもりでいた私に「天井が低いし、1部屋しかないからベッドはナシ。畳を敷いて、お布団を買ったほうが使い勝手が広がるわよ」とか「アルミの古い窓枠は、すだれをつけて隠せばいい」と、畳とすだれの職人さんを教えてくれた。

台湾は、日本統治時代の名残で今も布団や畳が使われている。半分が高い変な床に合わせて畳を作り、低いほうには、タイルの上に木の床を張り、部屋の段差も生かせることになった。畳にしたのは大正解。テトリスのようにウマく人間を詰めるといっぺんに十何人も寝られて、布団をしまうと昼間は仕事場として使える。

色も選べて遮光の布と二重で調光できるように作ってもらった簾のおかげで、畳とともに掘っ立て小屋内に天然素材面積が広がり、ぐっと家らしさが出せた。外の広いスペースで私の洗濯物がCMのように豪快に羽ばたくという、台北では珍しい光景も作れた(注3)。

台北には厨房用具街があって、一般家庭もの、業務用、屋台用製品の中古から新品まで売っている。そこで、ガス台、ステンレスの調理台、棚を調達。タクシーに乗っけて、閉まらないトランクの蓋をロープで縛ってもらい、女

注2
小慢 Whole food tea experience
おしゃれなおしゃれな台湾茶の空間と、料理やお花の講座をプロデュースする女性。台湾のカリスマ主婦
https://www.facebook.com/xiaoman.tea

注3
台北は集合住宅が多く、青空に羽ばたく洗濯物は屋上でしかありえない。だいたいは、窓の外の泥棒よけの柵にハンガーを引っ掛けて、せまっこく洗濯物を干すか、平気で万年室内干しか、乾燥機

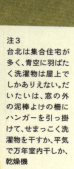

子だけで5階の階段を担ぎ上げた。その日、ガスに火がついた女たちは喜びの飯を炊いた。
　屋上キッチンは、外なので換気扇工事も不要。野菜の水切りは、ザルに入れてぶんぶん振り回しても、水しぶきがどこにすっ飛んでもかまやしない。料理の臭いが部屋につくのも気にならない台所を手に入れることができた。

　人口密度の高い台北では、経済状況に合わせていい立地に居心地のいい場所を探すのは至難の業。高くても不思議な間取りと不思議なセンスの物件が多く、それを誰も突っ込まない。台北で快適に暮らすには、環境と大家の人柄を見て、ボロや不都合は自力でなんとかするのが手っ取り早い。賃貸でもそうしている台湾人は結構いる。
　自分でいじったら、多少不便に感じるところが残っても愛着が湧く。外で作ったごはんは外で食べ、食べた後、食器はお日様で乾かし、手を振り回して運動をした。大工仕事をしたり、ケーキを焼いたり、布団を干したり、部屋に入らない物のストックも置けた。夜には外にプロジェクターをひっぱり出してYouTubeを見ながら友達とビールを飲んだりした。楽しい頂樓加蓋生活は、台湾で暮らすなら、1度経験したいものだ。

---

memo

不動産探しは、不動産屋のほかに大家さんから直接借りる方法もある。貸し出し物件に「租」の文字と携帯番号の張り紙があるので連絡をとるか、ネットの無料不動産サイトに室内の写真、条件や環境をアップしている大家さんもいる。人気の不動産情報サイトは以下。現在使用中の部屋の様子をそのままアップしている人もいて面白い。下記は人気のサイト。

- 591(ウージョウイー) http://www.591.com.tw
- 樂屋網(ラーウゥワン) http://www.rakuya.com.tw
- 台灣租屋網(タイワンズーウゥワン) http://www.twhouses.com.tw

Taiwan Basic

12

外食

観光で出会う数々のおいしいもの。
でも、それだけじゃない台湾のごはん。
独自の変化を遂げた不思議料理も
まんざらでなくなる時がやってくる。

長続きする台湾生活の
コツは胃袋

まずは1回デブになれ

暮らし始めの頃、ところかまわずいつでも食べ物の匂いがして、安くて、物珍しくて、食い意地が大爆発した。目についたものを片っ端から楽しんで、食い意地だけじゃなく、自分の体も爆発寸前に膨れ上がった。

菜っ葉系をサッと炒めたもの、炒飯、水餃子は、適当な店で食べてもかなりおいしい。私たちが食べつけないような本格中華の香料は、中国本土より使い方がソフトで、台湾料理は口に合うという日本人は多い。

生活していると、油とニンニクにやられてしょぼしょぼする日本人もいるけれど、ガツンと1回太るくらいのほうが、台湾に適合してバッチリ生息していけるようになる。台湾の食事で1度デブになれる人は、永久居留証に手が届くほど台湾に長居している。

台湾生活初期で、自主的に喜んで食べているうちはまだいい。それがそのうち日本人がやたらと訪ねてくるようになると、食べることが大きな悩みの種に変わる。客の食べたいものを付き合って食べ、胃袋に自由がなくなる。客には罪はないが、受け入れる側は多いと週4回も外食に付き合うことになる。おいしかったとしても、毎日、油とニンニク。夜市も小籠包もガイドブックに載ってるんだから、自分で行けよと叫びたくなる。

こんななので、客がいないと隙あらば台湾・中華以外の料

デビルマンの後ろ姿じゃなくて、菱角（リンジャオ）と名乗る沼に育つ実。日本では菱の実といわれる。黒くて硬い殻を頑張って割ると、硬い栗のようなホクホクした白い実が入っている。台湾では、秋冬に手押し車で蒸しながら道端で売っている

理を食べることになる。

　台湾のおいしいものはたくさん紹介されているので、ここでは日本では紙面を割いて紹介されない、台湾化された不思議な食について書きたい。まずは、日本食から。

　台湾のいいところは、どこでも日本食が食べられること。日本の食材も他の外国に比べて手に入りやすい。というのも、台湾料理という曖昧な輪郭のカテゴリーがあって、台湾で生まれ変わった日本食もここにたくさん混ざっているから。食堂や屋台で台湾料理と言いきっていれば、刺身も味噌汁も台湾料理になる。

　台湾料理化した日本の料理は、日本料理と思って食べるとびっくりする。これは、見分け方にコツがある。日本人が思う日本食と別物と思って食べてほしい。まず、看板に「日式」と書いてあったら、それは台湾式の日本料理。はじめに台式日本料理について紹介します。

　日式のお刺身は、日本の刺身と別ものだと思ってほしい。火加減や味つけがない料理でも、台式なのだ。魚はただ切っただけ、分厚く、デカく、温くて、甘い。醤油じゃなくみたらし団子のようなとろみのあるタレ（醤油膏_{ジャンヨウガオ}）に大量の粉ワサビ。色も日本より彩度が高いワサビで、辛みではなく、蛍光色で目がしばしばする。

　食べ方も醤油にちょっとワサビ、ではない。ワサビに醤油を練り込んだ、とろとろのセメントみたいな比率。"ワ

サビの醤油（醤油膏）練り"で刺身を食べる。鼻がツーンとしないと刺身を食べた気がしないらしいから、台湾人と醤油皿をシェアするのは厳しい。ワサビでツーンとするために刺身を食べているのだから。

　実際に、醤油膏とわさびが有無をいわさずどっちゃりかかっている、おむすびくらい巨大な握り寿司が人気の店もある。

　夜市の安い寿司は、サイズは問題なくともネタに問題がある。好き勝手に着色した"トビッコ"が、ひたすらカラーバリエーション豊富に、常温で外気にさらされている。オレンジトビッコに続いて、蛍光緑トビッコ、蛍光黄色トビッコ、真っ黒トビッコなど、やりたい放題。トビッコがかわいそうだ。

　味噌汁だって、台式日式の代表格。ダシを取った花がつおがそのまま、具の扱いで汁の中を漂い、洗面器のような巨大容器で出てくる。それをお玉じゃなくて、シャベルのような、深さのない、うすら窪んだ大きな匙でなんとか汲み出す。味噌は薄く、偽物みりんで甘くしているので、名付けて「甘みそ汁のお湯割り」。具は、魚の頭がぼんっと入っているのが日式では人気。魚で出汁がとれているので、ぜひ甘さを抜いてロックで飲みたい。

　日式店の食器はプラスチック製。筆書きの日本語で「おいしい」と書かれ、ナスか柿の絵がある。「おいしい」の器で出てきた日本食は、残念なことに日本人的にはおいしくない。

台湾は、田舎に行っても奥地に行っても日式はある。味噌、醤油、かつお節は、こだわらなければどこでも購入可能で、日本人台湾在住者にとっては本当にありがたい。昔、インドでお腹を壊したとき、フラフラと宿の隣の大衆食堂の階段を上り、お粥の作り方指導をした。それにもかかわらずできてきたお粥は、カレーの香りがぷんぷんだった。で、油も浮いていた。ここでもう1回。台湾の日本料理好きは本当にありがたい。

ここまでは、「日式」と看板を出す台湾式の日本食屋の話。今まで出てきた日式に興味があるなら、台湾料理店か、熱炒(百元海鮮)(注1)で試すことができる。日本とは

注1
チャーハンや簡単な料理が100元くらいの格安で食べられる、台湾版大衆居酒屋。海鮮が店先に並んでいるので、指差しで選び、調理法も店の人と相談して料理してもらえる。海鮮は時価。ここで、刺身も味噌汁もデカイ寿司も、ほぼ体験できる

別ものと思って飲めば、「甘みそ汁のお湯割り」もありがたくおいしい。カラフルトビッコは置いといて、100〜180元くらいの日式定食屋のサバやさんまの定食は、選べばオッケーなところも多く、いくつか見つけておくと長期滞在者の救世主になる。

　本格的な日本料理は、金を出せばいくらでも食べられる。日本より安くておいしい、コストパフォーマンスの高いお寿司を出す、台湾人大将のおいしい店も急増中。親方がうっすら日本語がわかるので、出されたものに万が一日式の要素を感じても、つぶやいてはいけない。逆に本物の日本人がウマイウマイと騒いでおだてると、無口ながらにスッとオマケが出たりもする。

　会社の経費を使えない日本人移住者は、高級日本食を年に数回、あとは日式を食べて生きながらえる。これが台湾生活を長続きさせるコツ。リーズナブルな日本の定食屋、うどん屋の進出もあり、昔より日本食に飢えることはなくなった。

　ここまで日式の悪口のようなことを書きたい放題書いておきながら、数日しか滞在しない観光客に日式を批判されるのは嫌な私。長く住むにはその土地の食文化を尊重すること。ブーブー言いながらも、だんだんおいしく思えてきてしまう在住者が、やっぱり長居できるつわものだ。

各国料理の動向

日本食以外のものも、台式があるので心して食べている。では、以下に。

イタリアン

　粉ものを多く食す台湾の食文化だけあって、おいしいピザが急増中。窯焼きも増えてきた。生クリーム味と言いながら、シチューの素をのばして代用したパスタソースにキクラゲが入っていたりするのはさすがに見なくなった。

　でも、イタリアンバジルの代わりに台湾バジルの九層塔(ジョウツェンター)でバジルペーストを作っているのは相変わらず。日本人だって、イタリアにはないケチャップ炒めのナポリタンや納豆パスタを喜んでいるのだから、人のことは言えないけど。ティラミスもほとんどマスカルポーネを使っておらず、"提拉米蘇"と書いて"ティーラァーミィースゥウ"と発音するもんだから、マスカルポーネじゃない気もする。

フレンチ

　フレンチのいいお店もできてきた。ところが、イタリアンとの境があやふや。学生が行く安いパスタ店でも手軽にでんでん虫が焼かれて出てくる。お高い菓子"マカロン"も、日本より安く甘さ控えめでおいしいのがある。見た目はフランスパンっぽいのに、食べるとコッペパン(?)みたいなのが多かった昔に比べ、フランスパンも最近はおいしい天然酵母のものが増えている。

エスニック系

　インド料理、韓国料理、タイ料理は、安いお店からちょっとした値段のお店まであり、比較

的はずれは少ないけど、本物とは何かが違う。ベトナムと称してタイ料理を出したり、その逆もあったり。これも区別が曖昧なんだけど、価格帯が同じ100元ちょっとの店で、ベトナムと名乗れば小吃店風で、タイといえば、もう少しレストランに近い気がする。タイ・ベトナムは雲南料理と一緒になっていることもある。

番外編　吃到飽（食べ放題）
チーダオバオ

　各国料理が入り交じる外食産業の１つで、台湾人みんなが大好き。台湾人はエビに対する執着がすごい。皿に高々と盛った大量の殻付きエビを黙々と、普段小食の人も人が変わったように信じられない量を食べる。つられて食べても吃到飽のエビが特にうまいわけではないし、ただ殻をむくのがめんどくさいと思うだけだった。

　「なぜそんなにムキになる？」と問うと「制限時間内に、食べ放題料金の元を取ろうと集中している」と返答された。バーゲン会場に行くような感じ？　ほかの料理でもいいだろうに、なぜに揃いも揃ってエビなんだ。

　吃到飽は、鍋、素食（ベジタリアン）、高級、安価といろいろ。
スーシー

memo
[おいしいピザのある店]
- Osteria by Angie
  大直店／台北市中山區樂群三路61號　02-8502-7733(月休)
  光復店／台北市大安區光復南路280巷33號　02-2711-0385(火休)
  http://www.osteria.com.tw　比較的高級店。本物のイタリア人が経営。
- Woolloomooloo
  台湾 台北市松山區富錦街95號　02-2546-8318　http://woolloomooloo.tw
  オーストラリア育ちの台湾人オーナー。パンもピザ生地も天然酵母。ケーキもおいしい。

[おいしいフレンチ]
- 風流小館 L'Air cafe neo bistro　台北市大安區金華街164巷5號　02-3343-3937
- RAW 台北市樂群三路301號　02-8501-5800　http://www.raw.com.tw

Taiwan Basic

13 食材

台湾人に負けないパワー

外食が続くと、油、ニンニクがつらい。
冬なら鍋で逃げるけど
やっぱり自炊で台湾の食材を楽しみたい。
おすすめ野菜と珍しいもの。

野菜ものびのび

外食疲れをしてきたときに自炊できないと、数年で帰国する人が多いよう。市場に行って、おばちゃんと一緒に朝から味見して、解体された豚や絞められている鶏を横目に、ダミ声の八百屋でオマケしてもらって買い物をする。火と水と刃物を振り回して、料理して食べる。これが、台湾人に負けないパワーを手にいれる秘訣。

台湾は、鶏、鴨、羊の肉がとてもウマいと言われている。鶏は、市場だと客が生きた鶏を選んでから締めることもあるくらい、新鮮なのが丸ごと1羽いつでも手に入る。トサカや脚、心臓、お腹の中の卵予備軍（黄色いスーパーボールみたい）など、パーツ分けでざる盛りになる。トサカのざる盛り、脚（手）のざる盛り、すべてを無駄なく食す。

日本にもあって、でも、様子が違う野菜もあるので、市場やスーパー巡りは野菜を見て回っても楽しい。インゲン、ナスは、こぶ結びできるほど長細く、60cmくらいあって、冷蔵庫にはくにょりと曲げて入れる。焼き網からはみ出て困るのが焼きナス。南瓜は皮がオレンジ色で形が瓜っぽく、皮も柔らかくて切りやすい。水分があるので火の通りが早い。苦瓜は日本より大きくて白や薄緑をしている。でかいせいか間延びした苦さだけど、シャキシャキしている。ジューシーで苦さが薄い分、生ジュースにも使われる。

台湾は、ネギ、白菜、大根、ジャガイモなどの寒い産地がおいしい野菜は日本に負けるけど、おいしい野菜がいっぱいある。大きくてのびのびしていてアクが少なく、日本

で一般的な野菜でも、ゆでたり蒸したりするだけで「おぉっ!?」と驚く甘みがある。おなじみ野菜のうまさを以下に。

キャベツ／高麗菜
<small>ガオリーツァイ</small>

大きくて一見硬そうに見えても、トップバッターとして書くだけあって、本当においしい。炒めたり、蒸したり、スープにしたり、芯が甘くて、生で食べてもあの独特の臭みがない。台湾に来てから断然食べるようになった野菜。

竹の子／竹筍
<small>デュウシュン</small>

瑞々しくて、アク、臭みが一切ない。水で茹でるだけでオッケー。種類も多く、春先から夏にかけて出る緑竹筍(リュウジューシュン)はフルーツみたい。外食で食べると台湾の美乃滋(メイナイヅー)(注1)がかかっている。たまにチョコスプレー(注2)もかかる。この点が心底残念。

注1
マヨネーズという名の、絶対卵も酢も入っていない甘いショートニング風のもの

注2
チョコレートを細かい棒状にしたふりかけのようなもの

ほうれん草／菠菜
<small>ポーツァイ</small>

バサッと長くて大きいのに柔らかく、えぐみが少ない。下茹でなしで、そのまま炒めて食べられる。小籠包で有名な鼎泰豊(ディンタイフォン)は、青菜炒めならほうれん草炒めがうまい。日本の人は台湾ですぐに空芯菜に飛びつくので、残念に思う。空芯菜はもたもたしているとシャキシャキ感がすぐ消えて黒ずむから、違いがわかる観光客なら、ここは地味にほうれん草で。

ピーマン／青椒
<small>チンジャオ</small>

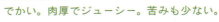

でかい。肉厚でジューシー。苦みも少ない。

ピーマン嫌いもイケルかも。赤や黄色のピーマン同様、生でバリバリ食べてもおいしい。

サツマイモ／地瓜(ディーグァ)

チョロンとしたサイズの地瓜。サイズ感を感じてほしくて卵とともに撮影

黄色、オレンジ、紫色と色違いがあって、水分がたっぷり、火の通りが早い。焼き芋にしたら、しっとり甘くてスウィートポテトのよう。見た目が萎れてようが、大人の指2本分くらいのチョロンとしたのでもバカにできないうまさ。パンを焼くような簡単なオーブンでも数分で焼き上がるから、チョロンとしたのがかえっていいと思う。台湾人は地瓜粥としてお粥に入れる。

珍しいもの、以下に。

山蘇(サンスー)／オオタニワタリ

山に行くとそのへんに生えているシダ植物。山にある店で頼むとそのへんから取ってきて出している(たぶん)。緑色がキレイで、炒めるとツルツルしつつも食感があり、クセもなくおいしい。

水蓮菜(シュエイリェンツァイ)／タイワンガガブタ

長すぎる水草。ロープのように丸く巻かれて売っている。シャキシャキでクセがないので人気。検索してみると、お腹までの長い長靴で沼に入り、水蓮菜を腰に巻きとって収穫していた。水蓮菜狩りにも俄然興味が湧いてくる。

龍鬚菜(ロンシューツァイ)／ハヤトウリのツタ

ハヤトウリ(佛手瓜)のツタ。またまたクセなく、歯ごたえがありおいしい。針しょうがと一緒に炒

めるとウマい。

金針菜／ワスレナグサ
<small>ジンゼンツァイ</small>

台湾では、ワスレナグサの花のつぼみを乾燥させてスープなどで食べる。緑の状態のつぼみは、フレッシュな状態を炒めるなどして食べる。こちらはたくさん食べると、オナラの連発を引き起こし便通がよくなる。ビックリするが、腹痛はない。ワスレナグサを見て食べるツアーで、参加者全員が快腸になってこういう現象があることを知った。

茭白筍／マコモダケ
<small>ジャオバイシュン</small>

味は、筍とアスパラを混ぜて、それぞれの匂いをとった、クセのない、台湾ではよく見る野菜。台湾のバーベキューで必ず焼かれ続けている。

珠葱／ワケギ・小薤／ラッキョウ
<small>チューチョン　シャオシエ</small>

ワケギは台東の村で豚づくし宴会をしていた原住民の食卓で見たのが最初。5センチくらいにぶつぶつに切って香菜と混ぜて醤油をかけて、それだけをバクバク食べていた。ラッキョウもともに原住民の野菜として食べられている。台北の八百屋、スーパーでは見かけない。原住民にとって、引っこ抜いてくる野草の扱い。

---

memo

● 鼎泰豐
台北市に本店がある有名小籠包屋。台湾に来て、ここに来なかったら、台湾に来たことにならないと言われている店。

Taiwan Basic

14 日用品

日本から運んでいるもの

なくても生きていけるけど
あったら嬉しいものは
日本から台湾のスーツケースの中へ。
たまの帰国に
日本の技術をチェックするのが面白い。

どうでもいいものを発明するのは日本人が一番

雨が続くと部屋干し臭が町に漂う台北。さて、これはなぜでしょう？日照権なんて関係なく住居が密集していてベランダのある家が少ない。雨が多いため平気で部屋干しをする。そのうえ、部屋干しが気にならない、などが理由。

個人的に公害ではないかと思うほど苦手な部屋干し臭は、バス中で臭っても「臭いね」と話題にのぼることもなく、問題視されない。部屋干し臭は存在しないことになっ

ているのかもしれない。その証拠に、これを書いている時点では台湾のメーカーで部屋干し用の洗剤は製造されていない。

　人が生きていくうえでなくてもいいものを発明することにかけて日本はすごいな、とつくづく思う。台湾に来た10年以上前は、日本でも部屋干し用洗剤はそれほど存在がはっきりしていなかった。だけど私は、台湾生活初期から洗剤は日本から運んでいた。このときの理由は臭いではなかった。

　台湾に暮らして半年が過ぎた頃、日本に一時帰国すると、街でガラスに映る自分の服が他の人よりヨレヨレに見えた。黄ばんだ白いTシャツやちょっとヨレっとした服は、みんなで着ていたら怖くない。赤でも渡っちゃう信号のようなもので、環境に同化したカメレオン状態となって、自分の服が弱っていることはわからなかったのだ。

　過去に１度、台湾製の洗濯洗剤でつけ置き洗いしたら、がっぽり色が抜けた事件があり、白物の黄ばみや布の弱り方が早いのは、「もしや、漂白剤が入っているのでは？」と疑い始めた。
　そこで、日本から調達したもので洗ってみると、服の弱るスピードがおそくなった。でも髪や肌の状態からして、水質自体に何かある気がして洗剤を運ぶのをやめようと思い始めた頃、部屋干し専用や香りのよい

超コンパクト液体洗剤が出てきたので、消費者を飽きさせない日本企業の戦略に乗っかって、引き続き運ぶことになった。

　台湾の水質への疑いは晴れず、ほかの"洗いもの系"まで運ぶようになった私。食器洗い洗剤も日本から。台湾のものは、泡が余計にモコモコする。料理が油っこいからかしら、とも思うが手荒れも気になるし、日本製は少しは地球をいたわっている雰囲気があるように思えるから。

　アクリル毛糸のタワシで、なるべく洗剤を使わないようにしつつ、泡切れも油切れもよい日本の洗剤で水をたくさん使わないようにしているが、我が家の原始人（注1）が、大事に運んできた洗剤をケチャップみたいにグルグルにかけて洗い物をするので、洗ってくれなくていいと叫びたくなる。だけど、お互い仕事を持つ身だから原始人ばっかり家事をしないのも腹が立つ。

　原始人のせいで予定外にストックが切れて台湾のナチュラル洗剤（でかい）も使ったりしたが、大量に使っても汚れは落ちず、爪が乾燥して割れた。そのへんで買ったので、ナチュラルのフリした（注2）ナチュラルじゃない洗剤に手

注1
自由に生きできた
うちの旦那

注2
なんかのフリをした製品というのが台湾にはよくある。だとえば、日本製のフリをした台湾製。パッケージから商品説明すべてに日本語を使っていたりするが、日本語が明らかにおかしいので、この手の商品で日本人を騙すことはできない

を染めてしまったのかもしれないと、現在、ゆっくり別の台湾製ナチュラル洗剤を模索している。

　もう１つ洗い物系の話。歯磨きチューブとブラシ。チューブは、粒入り、塩入り、ステインがどうのとか、キシリトール、フッ素入り、オーガニック、白くなる、など日本は楽しい。それに対して、台湾はひたすら黒人のきらめく白い歯が描かれたものが主流。日本の歯ブラシは、毛先が球だの（古いか）、極細だの、小さめヘッド、コンパクト、２列だけ植毛、なんかの動物の毛など次々新しいのが出てきて、歯ブラシ売り場は軽く台湾の４倍はある。

　歯ブラシは軽くて小さいので、鷲づかみにして持ち帰ってお土産にもできる。台湾では考えなく頭がデカイ歯ブラシが主流だけど、本当に少しずつ日本のメーカーがこだわりのある製品を売るようになっている。でも、まだまだだまだだ。台湾人に土産で渡すとき、熱いウンチクをつけると相手の喜びも増す。台湾の歯ブラシがどれだけ使いにくかったか、台湾のチューブの歯磨き粉が、どれだけ泡がモコモコするかを私のプレゼントで知る人は多い。

　台湾の友達と日本に行くと、私がガンガン歯ブラシを買うので興奮し、つられて歯ブラシを買いあさる台湾人が続出する。ちなみに日本で納豆を買い込むときも、となりに居合わせた日本人のおばちゃんまで、安売りかと勘違いして納豆をカゴに入れてしまう感染力がある。

　町中歯医者だらけの台湾。技術も機材も進んでいるのに歯ブラシだけがデカいのは、わざとかもしれない。きれい

に磨けない歯ブラシを売れば虫歯になりやすく、歯医者が儲かる。歯科業界と歯ブラシメーカーの癒着を想像してしまう。

調味料海を渡る

食べ物で運ぶものは、米、味噌、醤油。これも日本はしょっちゅう新しいものが、手を変え品を変えパッケージを変えいろいろ出てくるので試してみたい。それでも、近所から買って帰るように簡単ではないので、一部のものを運んでいる。

台湾のお米は粘りが少なく、種類によっては粒がしっかりしているチャーハン向きのものがある。安いものは、適当な水加減で炊くと水分量の許容範囲を超えて、米が破裂して形が壊れ、べちゃっとするものもある。種類にもよるのだろうけど、日本のようにふやけていくのとは違う。

注3
電鍋。外釜に水を入れて蒸気で加熱する旧式の炊飯器

炊きたてのつやつやご飯を頬張りたい、おむすびで食べたい、納豆などで簡単に食べたいときには、やはり日本のお米。これをガスで炊く。台湾家庭御用達の万能鍋、電鍋（注3）が好きでよく使うが、米はガス。おかずは電鍋と決まっている。米炊きはタイマーで火力を管理してガスで、その間にじっくり煮込みたいおかずは楽チンな電鍋で作ると吹きこぼれも焦げも心配ない。

台湾でも浸透していて一般的といえるお味噌。スーパーでも買えるけど、台湾製は甘め。高級スーパーならいろいろあるけど、値段が高め。日本でも地域によって醤油や味

噌の味が変わるのと同様、お醤油も甘め。醤油には、原材料に堂々と「糖」と書かれている。日本メーカーの台湾製でも同じく「糖」とあるから、甘くないとウケないらしい。

　毎日使うものなので適当にできず、重いけど醤油・味噌も運んじゃう。ただ、日台製両方常備して、台湾の甘いのは照焼きソース的な使い方をする。醤油を直接つけて使うようなものには、日本製。野菜炒めに使うと、台湾の甘さがいい具合だったりして、好んで使うこともあり。お米も、カレーやチャーハンには台湾の米を使う。

　食べ物の話の後だけど、最後の持ち込みのおすすめ品は、生理用品。薄めで肌触りがいいナプキンは、日本より高い。今は少しは安くなったけど、日本の商品開発力が気になって新商品を試したいとき、スーツケースの隙間にエアクッション代わりに詰めて運ぶ。

　タンポンは、台湾ではほとんど見ない。便利好きな台湾人も意外なことに使う習慣がなく、ほとんどの人は使い方すら知らない。タンポンの中国語（衛生棉條）をすぐに思いだせない人もいる。今は、布ナプキンも併用しているのでそんなに張り切って運んでこないけど、タンポンは、何かのたびに日本から持ってきて常備はしてある。

　どれも日本製じゃなくても生きていけるけど、"生きていくうえでどうでもいいもの"を作る日本の技術が楽しいのと、貧乏性でスーツケースの空きスペースが気になって、帰国時にスーパーから連れてきてしまうものたちでした。

Taiwan Basic

15

修理

肉体もモノも治しまくれ

安くて便利な街のあちこちにある修理屋さん。
台湾では、治らないものはないかもしれない。
顔の修理は、体内ニンニク量が
台湾人並みの日にやってみよう。

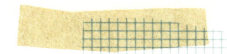

修理&クリーニングは台湾で

うちの旦那さんが台湾に来たばかりの頃、オマケでもらった時計が、土台から取れてしまった。市販の接着剤で何度やってもくっつかないと、いっときぶつぶつ言っていたのが、気づけばいつの間にかそんな話をしなくなった。アレはどうしたのかと尋ねたら、「近所の脇道に外で靴を直しているおじいちゃんがいたから、靴用のノリをちょっと垂らしてもらったよ」と言う。中国語もできない完全ジェスチャーの一見さんのお願いを、快く聞いてくれる台湾人はさすがだと思った。

　5年ほど前、「手作りなので修理も可能です」と店員が言ったから日本で買ったブーツがある。私の性格上、修理を楽しみにして3年間履き続け、いよいよ脇の縫い目がほつれてきた。喜び勇んで日本に持ち帰ると「2ヶ月かかります。2万円です」と言う。5万の靴が、2万円。目の玉が激しく飛び出た。2ヶ月も待ったら冬が終わってしまう。解せない思いがいっぱいになり、旦那にノリを垂らしてくれた台湾のおじいさんの顔が、見たこともないのに浮かんだ。

　ブーツはそのまま台湾に持ち帰り、家の近所の修理屋に託した。ノリを垂らしてくれた恩義はあったけど、すでに家を越していたので別の店を探したら、この手の修理業は台湾中どこにでもあった。3日でたった300元、当時のレートでは1000円でおつりまで出て、きれいになった。こんな話を聞くと台湾で修理してみようと思うかもしれない。でも、私は逆にこの靴を持ってわざわざ飛行機に乗っ

て、2万円2ヶ月と言った店に見せに行きたくなった。

　台湾の商売は小回りが利いている。靴や鞄を洗ってくれるクリーニング屋もあって、布のスニーカーなら100〜150元できれいになる。皮もオッケーと言うのでブルーグレーのスエードの靴を出したら、違う色になって戻ってきたが、長い台湾暮らしの中ではこれは想定内だった。たぶん、ブルーグレーのグレー分が薄汚れた小汚い靴に見えて、こすっても落ちないし、お客さんとは約束の期日はあるし、ってことで漂白剤につっ込んじゃったと思われる。台湾人はどピンク、黄色系の派手な色が好きなので、中途半端な色は理解できないのかもしれない。スエードの手触りはゴリゴリにはなったものの、染め上がりは台湾に似合いそうな色だったから、新しい靴として私もスッと受け入れた。この値段でここまでしてくれた、そのガッツに逆に感謝した。

　皮のブランドのバッグを修理＆クリーニングしてくれる店もあって、また夫が年季の入ったパタゴニアのナイロンのヒップバッグを持ち込んだ。ナイロンでも皮の扱いと同じく1ヶ月もかかり、500元も先払いしてきた。ヴィトンのバッグ対象の店に持って行ったので「たっけぇ」と文句を言ってみたけど、仕上がりを見てすぐ前言撤回。持ち主も気づかない小さなほつれも全部直して、汚れもくすみも取れて新品同様。新しいのを買うことを考えたら、安い安いと夫婦で小躍りをした。

　当然のように服の修理屋もある。キオスクみたいな売店スペースでミシン

を置いてやっている、だいたいぐちゃぐちゃのところだ。ズボンの裾直しなら1本100元。ジーンズのような厚物は、自分でやることを考えたら利用価値は高い。

　そこにまたまた夫が、チャックの壊れたジャンパーを持ち込んだ。このときは、簡単に取って縫いつけるだけでは済まない作りだったので、金も時間もおばちゃんの独断で変な色のチャックをつけられることもすべて覚悟して「行ってこい！」と夫の背中を押した。翌日取りに行くと感動の出来映え。まったく同じ色のYKKのチャックがついて300元。新しく買うことを考えたら、またすっかり儲かった。

　台湾のおじちゃんおばちゃんの勿体ない精神が生んだこの業種が、もう大好きだ。こうなってくると、ほかの冒険もしたくなる。別の修理業もいろいろ試してみた。
　携帯のSIMロックの解除。安い携帯屋に持ちかけると1000元〜でしてくれる。正規販売店より、若いオタクが開いた小さなパソコンの修理兼販売店が結構いい。この手のオタク店からパソコンを買うと、ソフトを欲しいだけ（たぶん違法だけど）無料でインストールしてくれる。修理の値段もお手軽だし、台湾ならパソコンも携帯も使い方がつい大胆になってしまう。ソフトやアプリはインチキしたやつだからアップグレードはできないけど、そのへんは触らずにいると2年くらいは快適に使えるらしい。

　この手の商売がもたらす台湾社会への弊害もある。それは、一般人がかなりぶきっちょになっていることだ。

顔の修理はローカルで

台湾にはナチュラルメイクが存在しない。もともと肌の張りもよく、シワもシミも少ないから、ノーメイクで一生突っ走る人も数多いけど、反対にメイクをするなら徹底的に、アイラインとつけまつ毛で毛虫がくっついているような目にする人も多い。

おばちゃんならかなりの割合で青緑の入れ墨を彫り込んでいる。ぶきっちょだから、刻み込まれたアイメイクがいいのだ。もしくは、何にもしないすっぴんがいい。ナチュラルメイクなんて往生際が悪いものは、台湾には存在しない。ということで、台湾は顔面加工も発達している。

台湾小姐（タイワンシャオジエ）（注1）は「私、肌には手間ひまかけず何もしてなくてスッピンです」という顔して歩いていても、顔面のシミ退治にレーザーやフォトフェイシャルまで体験していることが多い。みんな前出の入れ墨眉おばちゃんの娘なので、ビビらず顔に手を加える。値段がお手軽なこともあるが、入れ墨眉やアイラインはオシャレだけでなく幸運を呼ぶために彫っていることもある。てんてん眉毛を気にしたおっさんまで入れ墨眉だ。近所のおばちゃんが、資格とか衛生とかの許可まったくなしで「開運修眉」の看板を掲げて顔に刃物を入れる。

もちろんエステ風サロンでの顔面入れ墨（紋眉）（ウェンメイ）もある。身内が観光で来たとき、エステ系

注1
この場合は台湾の若い娘さんになるけど、女性全体を指すこともある

で集団加工をしたら、入れ墨のカサブタが落ちたと同時に色も落ち、うすらピンク色の眉が残った。結構な金額だったので、私が苦情を代弁させられたが「体質の問題です」と返されて集団泣き寝入り。全員うすらピンクの眉で、今も日本で暮らしている。台湾のおばちゃんは青っぽい入れ墨なのに、食べ物にニンニクと油が少ない日本人はピンクになっちゃうのかしら。

　ローカルなところでやって結構きれいに入ってる人もいるので、安さで数をこなしているほうが腕がいいのかもしれない。顔の修理もローカルがお薦めかも。

　「修理代2万円」といった、あの日本の靴の店に、わざわざ飛行機のチケットを買って見せに行ってもおつりが来るくらい、台湾の修理業を利用すればお金が貯まりそうだ。

```
memo
● 高雄の大連街／ダーリェンジエ
　靴屋街で新しい靴を売ってる店が軒を連ねている。その店先で靴の修理もあっちこっちでやっている。
● 台北の迪化街／ディーホァアジエ
　布市場の永楽市場（建物2Fから上階には布問屋がびっしり）にはカーテンや枕カバーなんかをパパッと作ってくれる店がたくさんある。
```

Taiwan Basic

16

病院

病院なのにカジュアル？

病院が多すぎて、身近すぎる台湾。
医者も看護師も患者も病院も
それでは困るのに日本と違って個性的。
ドキドキしながらお世話になれば
名医にも出会えちゃう？

恐るべしグァーハオフェイ！

台湾の病院は、謎がいっぱいだ。まず、何もしてないのに受付に行くと金を取られる。日本人的には、中に入って空気吸っただけで料金が発生したような気分になるが、もちろん日本と同じ最後に支払うスタイルもあるし、最初に払ったうえに最後にまた払うこともあり、集金方法が一定ではない（注1）。

最初に払うのは、掛號（グァーハオ）という受付事務手続きの料金。金額は、だいたい100〜150元くらい。台湾の郵便局で掛號といえば書留のことで、普通郵便と違うサービスを求めたときにかかるものだからこちらは納得できる。だけど病院のほうは、本題の病気に1ミリも触れてないのに先によこせというのだから、長らく腑に落ちなかった。

診察室に入れば、白衣を着ている以外は医者も看護婦もそれっぽくない。私の妊婦検診時の担当医は、羽織っただけの白衣の下に原宿で買ったかと思われる変な日本語の書かれたTシャツを着ていた。

あるとき順番を待っていると、出産間近の妊婦が出て診察が止まり、4時間待たされた。ぷらぷら戻ってきたお

注1
この現象は、薬代や特別な治療や検査があった場合に起こる。保険範囲であれば、最初の支払いで完了する。それ以上の利用があった場合、保証証を返してもらう最後に請求される。めんどくさいのでいっぺんに何とかしてほしいけど、これまた食い逃げならぬ、診られ逃げを防ぐための策かも。先に、保険証番号を確保しておけば、どこの誰かわかって診察の食い逃げができないシステムになっているのではないか

大病院のエントランスになぜか、政治家のプリクラの機械。政治家と一緒にプリクラを撮って楽しいのかわからないけど撮っている人は結構いた。タダだったみたい

そこに選挙活動中の政治家の顔入りのベストを着た人が、その政治家の顔のついたキーホルダーを配っていた。キーホルダーの種類は3種。政治家の子ども時代の写真、大学時代の写真、現在の写真。しばらく家に転がっていた

医者さんの手には、ドリトスの袋。待合室の全員が夕ごはんを飛ばして順番待ちをしていたので、うちの旦那さん（スナック好き）はドリトスを持っていたと必要以上に恨んでいた。

　ほかの医者も携帯が鳴れば出る（明らかに私用）し、人気の病院で診てもらったときは、看護婦さんが忙しくて食事ができていないのか、もぐもぐ何かを食べながら対応してくれた。どんなに立派な病院に行ってもこんななので、こちらも気が緩み、子供の検診時に「何か質問は？」と聞かれ、「誕生日がちょうど星座の切り替えの狭間で星座がわからなくて困っている」と話したら、医者が看護婦さんを呼び出して井戸端会議が始まったこともあった（台湾医療の名誉のために言っておくと、医療のレベルが低いわけではない。日本よりどんどん新しい技術や機械が海外から入っていて、海外の医師免許を持っている人も多い）。

　医者の醸し出す雰囲気が理由か、患者も患者で病院へ対する尊敬が薄い。虚弱なわけでもないのに、些細なことでやたらと病院に行く。よって、小さな診療所系はコンビニくらいの間隔で点在する。

大病院の食堂で、テレビを見るために横並びでごはんを食べるお医者さんたち

以前、友達が胃が痛くて七転八倒したとき、立って歩くことができないので、そのことを説明して救急車を呼んだのに、まず担架を忘れてきた。さらにおんぶもせず階段を歩かされた。散々待ってこなかったし、タクシーで行けばよかった。

続いて緊張感たっぷり

で救急に入っていくと、重病人らしい人はそれほどいないのにすごく混んでいた。歩き回って携帯でお喋りしている人が結構いるので、「うるさい付き添いだな」と思っていると、電話したままベッドに横たわったがまったく病人らしくない病人だった。急を要して救急に行った私の友人は、こんな輩に紛れて長々放置されることになった。

　台湾人にこの話をすると、「急を要するなら、私は救急に行かない」という答えが返ってきた。そして、この出来事のしばらくあと、救急車が有料になるというニュースが流れた。理由は、みんなが無料タクシーみたいに気軽に使うからだった。

　なんで急病じゃないのに救急に来る人が多いのか、もしやと思われる出来事があった。ぐるぐる回るフードプロセッサーで指をざっくり切って、真の救急患者として自分が救急に行ったとき。過去の経験から下手すると放置されるかもと覚悟して挑むと、その日、私の行った病院は運よく空いていた。テキパキととてもよくしてもらい、最後に「３日間は毎日薬を替えに来てください」と言うので、「一般のほうで診察ですよね」と聞くと、「どちらでもいいです。救急に来たほうが、掛號費(グァーハオフェイ)がいらないから安いですよ」と言われた。ナ・ン・ト！　台湾人が救急をカジュアルに使う理由はこれ？　実際、その後の３日間、夜などを含め好きな時間に行って診てもらっていたが、まったく混雑もせず微妙に安かった。

　安くて便利なら、私も台湾人に交じって救急の常連になってしまいたいと心揺らいだところ、掛號費がいらない

ということは、事務処理（記録）されていないのでは？　ということにハタと気づいた。実際、妊娠後期にバカなことをして、また救急にお世話になったとき（何をしたかというと、民間療法で習ったデカイお腹の妊婦がスムーズに起き上がる方法で、足を上に挙げ振り子のように振り下ろして起き上がるのを試したら、不正出血＆前駆陣痛が始まってしまった）、ちょっとたらい回しにされつつも、手当てはしっかりしてもらい薬も出されたし、２週間安静にしてことなきを得たが、その後定期検診時に病院へ行くと主治医はこのことをまったく知らなかった。救急は、全然記録されていないみたい。それともたまたま？　恐るべしグァーハオフェイ！（掛號費）

まだまだ続く病院の謎

台湾の病院の謎は、まだまだ続く。というのも、台湾には西洋医学の病院だけでなく、漢方の診療所がある。漢方は、中醫（ヂョンイー）という。ローカルなところは、待ち合いと治療室の区別がなく、ビックリ人間大集合の場となっている。順番待ちのまともな人に交じって、頭にたくさん針を刺したハリネズミ人間や、フラスコやら管といった化学の実験器具をつけられ、薬草の蒸気を浴びている人が、みんな同じ方向を向いてテレビに見入っている。ビニール袋に入れた熱々の枕のようなものを肩や腰にたっぷり乗っけるという派手に温湿布中の人もいる。診療所内にマッサージ師がいるところもあって、保険で針やマッサージも可。よって、保険で安くマッサージが受けられるため、無意味に不調を訴えて通う人もいる。体調を整えることを目的に通う

人も多いので西洋の病院よりもっと気軽に出入りしているようだ。中醫には、西洋医学では難しい治療もしてしまうミラクルな漢方医もいる。

　歯医者や眼医者、皮膚科などには凄腕が多い。人間的に尊敬できて、経済的にも患者のためになる治療を日本語で説明してくれる、すばらしい歯医者さんにも出会った。日本の高い保険に加入していなくても、保険証なしの自費でも500元くらい、救急で縫っても2000元くらい。医療費の安さは魅力的だ。血液尿検査の引渡しがカオスだったり、医者も看護師もカジュアルだったりと、謎を挙げればきりがないが、住みつづけるかぎりお世話になる機関だから、謎には麻痺していくようにしている。

memo
- 病院の予約方法
電話やネットで予約を受けている病院もある。大病院であれば、ネットで、今何番目の患者を診ているか調べられて便利。予約番号はだいたい1個飛ばしになっていて、間の数は当日受付に回される。よって、2人いっぺんに電話予約しても、あなたが3なら、わたしは5になる。予約番号が後ろなら、直接、受付開始時間に病院に行って順番を待つほうが早い。初診は前もって掛號できないことが多い。
- カジュアルさは、大病院の周りにも漏れている。大病院の近所の公園や市場に行くと、点滴の棒を杖のように持って、もしくは、車椅子に設置して、点滴しながらパジャマ姿の老人がうようようウロウロしている。考えてみれば、日本の大病院のように病院の敷地内に庭がないから、病院が点滴のままで社会参加を勧めているのかもしれない。

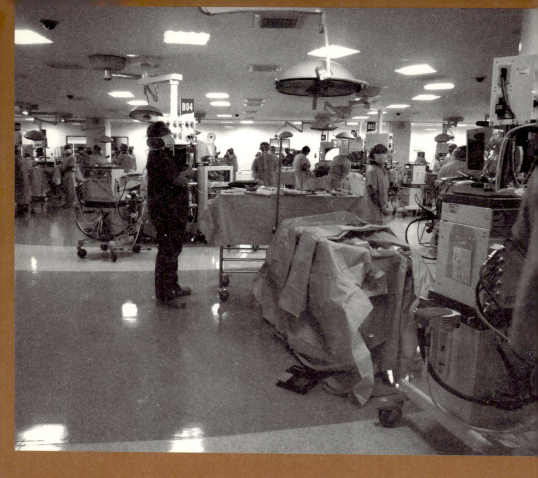

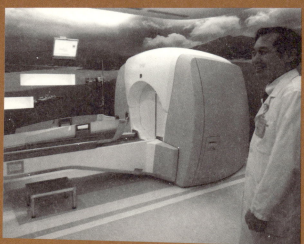

ある裕福な病院がメディアのために施設を公開したときの写真。台湾には、すばらしい機械が入っている病院が多い

裕福な病院の地下にあった博物館。口から食堂と体の中を表している。怖い

これも博物館の一角。何を表しているかはすっかり忘れてしまった

付き添いのベッドは壁からスイッチ1つで出てきますと、病室の自慢中

Taiwan Basic

17 ビザ

ビザの取得にまつわるアレコレ

優しい台湾人がどうにかしてくれようとするけど
ビザは生活の大事な基盤。
正攻法以外は、あんまりどうにもならないのです。
肝に銘じて取得しよう。

泣き落としで帳消しになったオーバーステイ！？

　私が台湾に来た頃は、ビザの更新は西門町の警察署で手続きをしていた。それが移民局での手続きに変わり、その後永久居留証の申請方法も変わった。日本と台湾の警察で発行する無犯罪証明書が必要だったが、私が永久居留証を申請するときに突然いらなくなった。日本の無犯罪証明書を取るのは、時間もかかるし面倒で、全部の指の指紋と左右正面の顔写真を撮られて犯罪者と同じように警察に自分の資料を出す。そんなことまでして取ったものだから、頼むから私の無犯罪証明書を受け取ってくれと窓口で詰め寄ったけど、いらないと言い切られてがっかりした。こうやって、台湾は重要なことでもちょろちょろ変わる。ほかの国はわからないけど、台湾はそうなので、私がここで書くことも過去のことだと思って読んでほしい。

　私の初のビザ更新は留学生だったとき。語学学校が３ヶ月１学期で、在籍証明を１学期ずつ出していたので、語学留学の学生はみんな３ヶ月に１回ビザを更新していた。学校で次学期の学費を払い、来学期分の在籍証明を作ってそれまでの出席証明と成績を持って警察に行った。

　ビザの更新時期は学期の変わり目だけど、ビザが切れる時期は最初に渡航してきた日によるので、人それぞれ微妙に違う。日本の免許更新のようにハガキで連絡が来るのではなく自己管理になるから、うっかりしているとオーバーステイの罰金がかかる。罰金は、オーバーした日数で計算する。気づいたらすぐ出国しないとどんどん出費がかさむ

し、その後は確かすぐに入国はできず、めんどくさい。

　オーバーステイを泣き落としで帳消しにしてもらったというレアケースがあった。当事者に詳しく聞いたら、担当者が男になるように窓口に2回行ったという。長い黒髪で雰囲気も蒼井優みたいな女子だった。1回目は、女性の担当者で事務的に処理されそうだったので、日を改めて出直し、男性の担当になったところでシクシク泣いてみたらなかったことにしてくれたらしい。

　ひょうひょうとした変わった子で、来たばかりで中国語もできないときにさっさと彼氏もいた。しかも、彼氏は中正紀念堂の、あの、交代するのを観光客が見にいく兵隊さん。1時間に1度の兵隊さんの任務中、彼女は見学していてナンパされた。ビクとも動けない兵隊さんがどうやって？　と気になるだろうから、ビザとは関係ないけど話します。

　衛兵交代を見たことがある人なら、兵隊さんの身の回りを整えるスーツを着た若者がいるのを知っていると思う。汗を拭いたり、服のしわを伸ばしたりする人だ。そのスーツの係員に彼女の彼氏（衛兵）は耳打ちをし、任務が終わるまで彼女に待っているように伝えてもらった。それでナンパ成功、2人は付き合うことになった。

　彼氏は背も高くて結構かっこよかったみたい。彼女は、彼氏の家族にもかわいがられていた。でも、彼女は勝手に帰国を決め、彼のことも泣き落としで繋いだビザもサッと捨てて日本に帰っていった。ちなみに、うちの大同電鍋

は、彼女が帰国するときにあまりお得感のない値段で売ってくれたもので、電鍋を見るとたまに泣き落としと衛兵のナンパが思い出される。

　学生ビザはお手軽だけど、学生であるかぎり収入もない。これでは台湾ライフは長続きしない。それで次にみんなが目指すのはワーキングビザになる。

お節介台湾人に振り回されてはイケナイ

　何年かして台湾にも知り合いができ、「そろそろワーキングビザをもらって働きたい」と漏らすと、例によっておせっかいな台湾人が動き出す。「ウチの会社でビザ出してあげるよ」とも気軽に言う。でも、だいたいはうまくいかない。

　まず、一般の台湾人にはビザ取得の知識が当然ない。台湾の会社が雇用する人の技術や知識、日本語を必要としている会社かどうか。そして、ビザを出す人に約4万約8000元（注1）以上の月給を支払えるか。台湾は国として、当然自国民の雇用機会を守らなければいけないが、ある程度の高給とりであれば国にはそれなりの税収が入るから、こういうハードルを課す。さらに、雇われる側も台湾で就く業種を経験している証明が必要なので、日本の前の雇い主に就業証明を発行してもらわなければならない。

注1
この金額は台湾人の若者の給料からしたら、かなりの高給とり。額ももちろん変動する可能性あり

ここまでを台湾人に話しても「就業証明はねつ造すればいい」「月給４万8000元を書類上出したことにして、税金はあなたが負担すればいい」と言う。でも、会社自体の年間の売り上げもビザ発給のとき調べられるというほかのトラップもあるので、そう簡単にはいかない。台湾人の情熱を当てにして待っていると一喜一憂して、無駄に神経と時間が減るだけ。中国語をマスターしてから、外国人にビザを出した経験のある会社の面接を受けるのが一番近道だったりする。

　昔は、中国語がソコソコでも、地球村という語学学校の日本語教師になるのが、とりあえずビザが取りやすいと言われていた。今はどうなのかわからない。

　こうなったら最後の手段。台湾人と結婚か、他人を当てにせず自分で自分にビザを出す。台湾で会社を興すと資本金50万元の規模で１人分のビザが出せる。ビザ更新は、前年度、会社に売上が年間300万元以上（注２）ないとダメ。これも税金をたっぷり納めていないといけないということだ。たくさんお金を落としてくれる人にだけビザを出す。仕方ない、人の国でみなさんの税金で作られた道路を歩いたりするんだから、外国人も払うものを払って住まわせてもらうとビザがもらえる。そういうふうにできているのです。

注２
日本円で1200万円以上。業種や資本額によっても数字は変わるらしい

memo
● 移民局
　台北市廣州街15號　電話 02-2388-9393

Taiwan Basic 18 仕事

見えないルール と 見えるルール

勢い一発、スリル満点でやる台湾式の仕事と準備万端の日本。よせばいいのに一緒に仕事をする機会も増えている。ルールを知っておけば、なんとかなるかも？

観光地の人力自転車の運転手は、おばちゃんだったりする

三度のメシは皇帝より偉すぎる

台湾で働くうえでの見えないルールと見えるルールのお話。まず、書類に書いてあるわけではない、見えないほうのお話から。

台湾人と仕事する際、絶対に注意しなければならないことがある。それはごはんの時間だ。ごはんを省いたり冷たいごはんを食べさせると、台湾人は動かなくなることを覚えておいてほしい。

日本人は、忙しいときに飯なんか食ってられるか〜、という空気が漂うけど、台湾人は忙しくても飯は食う。日本スタイルを強いたら、台湾人との人間関係が最悪になってしまうからやってはいけない。

店を構えて絵描きをやっているおじさん。アーティストでもない。看板屋でもないけど、看板屋風な店構え。大都会台北にて

台湾の友人が勤める一部上場企業は、毎朝会社に行くと机の上に朝ごはんが配られているという。
　始業時間にみんながダラダラとパソコン見ながらごはんを食べる絵が浮かんで、「面白い朝の始まりだね」と言ったら、「なんで？」という顔をされた。エリートも朝からみんなでまずは給食だ。

　興味を持って突っ込んで聞くと、この会社はお昼もただ同然の金額で社員食堂が使えるんだとか。お昼も朝も同じ物を同じ時間に食べたら、出すものも時間も似てくるんじゃないか。そんなことはどうでもいいが、台湾では、仕事にごはんがついてくるのは普通。

　ある会社がオーガニックを使った低カロリーヘルシーランチを社員に無料提供し始めたら、社員がみんな痩せたというのをニュースで読んだこともある。
　会社に限らず、私のようにフリーで仕事していても、朝が早い集合だとピクニックに行くかのように朝ごはんが配られる。相手が食べてようと食べてなかろうと、朝早い仕事には朝ごはんを用意するものらしい。

　ごはんのことでいい大人が動かなくなったのを見たのは、イベント会場の設営現場だ。台湾の保険会社が、社員旅行で札幌ドームを借り切って大きな宴会をするための、日台合作の会場施工チームでの通訳の仕事だった。

　少し説明をすると、台湾の大企業はジャンボジェットを何台もチャーターして、台湾から芸能人まで連れて、海外で超ど派手な宴会旅行を平気でする。このときは、なぜか

農家のおばちゃん

郵便配達も女性。
日焼けが気になるのでこの様子

IT業界の方。机に向かって真剣に仕事中

兵隊さんの制服を売る田舎の商店のおじさん。袋の大きさを自慢中

舞台の鉄の構造体から、それを組み立てる職人さんまで台湾から運び込むという、激しい無駄遣いの現場だった。

　雪がちらつく北海道で寝る間も惜しんで仕事をしていた職人さんたちが、日本側が用意する弁当が冷たいと言って食べなくなってしまった。このとき私は初めて、台湾人は冷や飯を食べないということを知った。
　そういえば、台湾の駅弁は温かいのを売るために駅の近くにキッチンを設け、温かいうちに売り切れる量だけ運んでいる。それでもお値段たったの60元（240円）。
　日本では、1000円もする駅弁が冷たくても"名物駅弁！"といって喜んで売られていて、買うほうも喜んで食べる。肉体労働をする人たちが冷たいだけで食べないなんて、ビックリした。
　イカツイ顔した職人さんたちが「冷たいごはんは喉を通らない」と小ウサギのようなことを言う。
　結局、まったく時間がない現場なのに、台湾側の施行会社の社長が「みんなが死んじゃう！」と言って、100人くらいの職人さんを外に連れ出し、ごはんを食べさせていた。

ピーナッツを育てて、自分で煎って売っているおばちゃん

　ごはんネタはまだほかにもある。日本のテレビ番組の撮影で、カメラマンさんが台湾人だったとき。日本人ディレクターがテンパって、ごはんの時間を２日連続飛ばした。すると現場の雰囲気がすごく悪くなって、カメラマンさんは奥さんに電話して言いつけはじめ、次の移動先にお弁当を買って届けるように頼んでいた。
　ごはんが絡むとみんな子供のよう。台湾では「吃飯皇帝大」（食事は皇帝より大事）というから、台湾人と仲よく仕事したいなら、ごはんタイムは飛ばさないことだ。

お寺の前でお参りグッズを売っているおばちゃん

空港で天井に潜ってなんかの修理をしている人

台湾人はよく働く!?

　仕事の仕方も日台間ではだいぶ違う。「目的に向かっていくために時間をかけて調べて準備して、間違いなくできるとわかったら最短の線を引いてまっすぐ進む日本人」と、「目的が決まったら何も考えずに動き出し、石があったらよけ、途中で面白いことがあったら寄り道をし、くにょくにょ曲がりながら時間をかけて進む台湾人」。

　後者でも、時間はなんとか間に合って結果は問題なし。とっかかりは遅いけど始まったら無駄がない日本人と、早くとっかかっても途中でいろんなことを味わってしまう台湾人。

なんの仕事かわからないですが、仕事中

　前者は何かをする前にさんざん心配して、結局何もしないで止めちゃうこともある。後者は、やりながらいろんなハプニングがあってドキドキ。見てるだけでも疲れるし、やってダメならサッと止めちゃうこともある。政府がやることでも急遽消えるプランも多い。建設途中で止まってしまった巨大なビルの廃墟は、こんな台湾人の作った産物だ。

　また札幌ドームの話だけど、いい例がある。ステージができ上がり、客入れの前に短時間で1000とか2000とかの椅子を並べるというミッションがあった。

　台湾人は、やっぱりなんも考えずに大勢でわーっと椅子を出してきて各々好きに並べはじめていた。縦も横もぐ

まぐろの有名な町の民族博物館風のところで見た、働く人たちの例。白くてシュールなのが何体もあった

季節はずれの海辺で
昔懐かしい芋アイス
を売るおじいさん

ちゃぐちゃで、縦を合わせれば横列がズレてコントみたいになってて、見ていて面白かったけど絶対に間に合いそうもない。

　見るに見かねた日本人がストップをかけ、図面を広げグリッドを引いて椅子を並べる方法を提案。するとあっという間にとても美しく椅子が並んだ。日本人はこういうことが得意。台湾式でほっといてもなんとかなっただろうけど、2国を象徴するような出来事だった。

　この話を台湾人に話したら、台湾の大きな会場なんて図面通りにできていなくて実際とは少し違う、大きな建物であれば誤差も大きく、図面上で計算してもまっすぐ並べられないと言われた。なるほど、強く同感した。

　顔を見ながら仕事をしていてもこんなだから、電話やメールでやり取りしていたら、まず台湾が緩すぎてたいてい日本側がキレてしまう。らちがあかないのでケンカするくらいの気持ちで日本から乗り込んできても、台湾人がニコニコとまずごはんを食べましょうとか言い出す。そして、夜市に連れてってくれたり終始ナイスなので、「こんなことでカリカリしていた私が馬鹿だったかも」と、日本人が逆に反省することもあり。

　台湾人は、お金稼ぎが何より好きでよく働く。
　ネットでアルバイトを募集したら、半分以上が社員だったことがあった。社員が空き時間に金稼ぎ（アルバイト）をするのだ。大きなプロジェクトをフリーの仕事として受けたり、海外輸入品をネット上で売ったり、若くても株をやっていたり、不動産物件を持っていて転がし

観光地で、牛舌
餅というお菓子
を実演販売する
おじいさん

てたり、第2の収入源を持っていることが普通で、雇う側もこれをなんとも思っていない感じ。

　そして、バイトじゃなく正社員でも勤務時間中におやつを食べ、堂々とネットショッピングやチャットをし、机の引き出しがお菓子だらけで棚が趣味の玩具だらけ、なんて人が結構いるから給料を安くされてしまい、セカンドビジネスを持つのかもしれない。

　こんな感じで台湾人と一緒に仕事をするとなるといろんな覚悟は必要だが、何よりも必要なのがビザだ。これは、目に見えるルールのほう。

　ビザのページで詳しく書いたけど、突如日本人雇用を思いつく会社は要注意。申請未経験であることが多いので、だいたいうまくいかない。

観光地の人力自転車
おじさんバージョン

　自分で会社を興してビザをもらう場合も一生ビザが手に入って楽チンなのかと思いきや、儲けがない会社はビザが更新できない。会社を作ってからこのノルマを知って、みんなビックリする。

　台湾は簡単に会社が作れて日本より税金が安くて、なんて思うけど、ビザの更新に向けてなんとか必死で儲けがあった体を装うために、要らない税金を払うハメになる。

　いくら台湾人が優しくても、台湾も国的に無意味な外人をのさばらすことはなく……。3ヶ月に1度出国したり、ちょっと仕事をして申請しないで収入を得る人も実際ウジャウジャいるけど、自分の仕事をしっかり発展させていきたいなら、やっぱりビザがないと限界がやってくる。

　台湾で働くうえでの見えないルールと見えるルールのお話でした。

観光地で子供のおもちゃを売るおじさん。バイクで来て、バイクの上におもちゃを広げて店になる

写真スタジオのカメラマン

Taiwan Basic

19

教育

学生時代も社会に出てもお昼寝

どうして台湾人ってこうなんだ？
と日頃の謎の答えは学校にあり。
朝ごはんにお昼寝強制、ちょっと無器用で
勉強漬けなのにストレスフリー！

トイレに紙がない!?

　台湾の学生は見た目が若い。大学生が高校生に見えて、高校生が中学生に見えて、中学生が小学校高学年に見える。台湾の空気に湿度があるせいか、子供であることを加味してもさらに肌の張りがよく、どの世代も実年齢より天真爛漫だ。サークル活動とかボランティア活動に素直にいきいき勤しんでいる。

　日本の大学生といえば、バイトしたり、タバコ吸ったり、化粧したり、異性にモテようとひたすら大人の真似をしているけど、台湾は髪の毛も染めずにダンスチームを作って朝早くから公園で練習して、若さ大爆発。台湾の教育は、子供が素直に育つように思える。

　台北の小学校は、毎日宿題がたっぷ

りあるらしい。塾や稽古ごとに追われている子も多い。学校の送迎には親が来るから、日本のように子供が自力で家に帰って、ランドセルをポーンと放り投げてそのまま子供同士で外に遊びに行くなんてことはない。

　放課後は、自宅で宿題か塾か習い事で、日本の子供より勉強漬けだ。このあたりはキツそうだが、見ていてストレスはなさそう。不良とか深刻なイジメはテレビのニュースでもあまり目につかない。なぜだろう。台湾の小学校を見学したときの記憶を掘り起こしてみると、その答えがそこにあった。

　見学に行った小学校で、休み時間になったときのことだ。子供がトイレに行くのに自分のロッカーから箱ティッシュを持っていった。これは学校のトイレに紙がないから。学校は、トイレットペーパーが「盗まれちゃうかも」と心配して、公共の場所なのに紙を設置していない。私は、いらない心配をする前に子供にうんちを漏らされるほうがよっぽど心配になった。自前の箱ティッシュがうっかり切れていて、紙を入手する段取り中に間に合わなくなることも起こりうる。私が学校経営者だったら、トイレットペーパーは使いたい放題にする。でも私は学校を経営していない。残念だ。

　台湾の子供からすると、トイレットペーパーが無

訳：「資源の節約のため、トイレットペーパーで手を拭かないでください」
と、書いてあるこのロールのペーパーは、取られる心配があるのか、トイレの個室の外についている。つまり、使う場合は偶然居合わせた知らない人の前で、使う分のペーパーをガラガラやって個室に入る

料で使い放題なんて、日本の子供は幸せだと思うかもしれない。日本は、うまくやれば学校でのうんちがバレないようにもできる。箱ティッシュを持って廊下を歩かなければならない台湾は、男子なら「今からデカイのやります」もしくは「出してきました」を公にしているのだから、バレるバレないなんて言ってられない。

　いじめっ子もいじめられっ子も、排泄行為はみんながする。出たの出ないので人をからかったところで「明日は我が身」と、子供ながらにこの話題には触れないようにしているのかもしれない。

　ということで、日本の学校で定番の「アイツ、今うんちした」的なイジメは、台湾には存在しない。

　そして、日本では幼稚園しかない昼寝時間があった。毎日の行事なのに、仮眠室も、もちろん枕も布団もない。そのまま机の上で今から寝ろと言われて、突っ伏して突然寝る。スペインのシエスタは有名だが、台湾の昼寝習慣は諸外国に知られていないと思う。だから、初めて知ったときには驚いた。

　小学校・中学校にあるお昼寝タイムは、社会に出てもやめられず、12時になると電気を消す会社もある。お昼は社内の薄暗い環境で食べるということになる。

　昼休みにお昼寝時間を残す時間配分をして食事をとり、机に突っ伏して上司も部下と寝る。30分以内の短い昼寝は

老化防止にいいと何かで読んだことがあるので、体と脳みそには良さそうだ。台湾人が若くて溌剌としている理由はここにあるのかもしれない。

成人しても続く小学校からの習慣はほかにもある。これも学校見学で見たことだが、授業開始前の時間、先生が話をしているときにダラダラ朝ごはんを食べている子供が何人かいた。社会人になっても、会社について始業時間を過ぎてから朝ごはんを食べ始めるのが普通で、朝ごはんは家で食べてきなさいと誰も怒りはしない。そういえば「お腹がすいてカリカリしちゃって」というセリフを台湾人から聞いたことがない。いつ食べてもいいなら空腹で機嫌も悪くならないし、学校の宿題が多くてもほかはゆるいなら、人に意地悪しようなんて気持ちは湧いてこない。

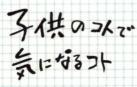

子供のコトで気になるコト

授業の中身については、私は台湾の語学学校しか行ってないのでよく知らないが、英語力が日本人より高いのは確か。これには、授業のやり方に大きな差があるからだ。

台湾は、英会話の授業で生徒が外人になりきって英語力を上げているみたい。だって、のっぺらとしたまったく西洋の要素のない顔でMark（マーク）とか、黒髪の

シジミ目でCatherine（キャサリン）とか、イングリッシュネームを好きにつけて練習をしているのだ。

　そこでなりきり、大人になっても使い続け、名刺にも英語名を書いてるからほんとにMarkになっちゃって、親しい仲でもMarkの中国語の本名は知らないことがよくある。日本人の英語は、テレがあるのが伸び悩みの原因。日本の英語教育も、西郷さんみたいな顔でPaul（ポール）とか、こけしみたいな顔してCarol（キャロル）とか、参考にするのもいいだろう。

　台湾の学校は、日本に比べて体育や美術や家庭科の授業が少ない。学力アップが優先のようで、公立義務教育でプールがある学校を見たことはないし、料理が作れなくても、学校指定の体操服がブカブカしていて運動に適していなくても、誰も気にしていなさそう。

　体操服は、オレンジと緑の昔の東海道線みたいな組み合わせのもある。自分の子供はまだ2歳に満たないけど、台湾の小学校に入る可能性が高いので、妊娠中より我が子が着るジャージの色が気になってしかたがない。

　台湾は、朝ごはんは学校で、お昼寝強制、不良もイジメも少ないというほっこりした教育環境で、学力は日本より上。運動能力と手仕事は強化が必要。以上、台湾人との学生生活経験がない私による外から見たまとめでした。

Taiwan Basic
20
——
流行

〈いいね〉の貨幣価値が世界一安い国

この島は、メディアも芸能人もたっぷり。
住民はみんな素直ときているから、チャンピオンの真似してしょっぱいスープを飲んじゃったりする。

ペンギン村のニュース模様

台湾人は素直だ。人の話を信じやすいし、島のサイズもコンパクトとあって、ニュースも流行りも浸透しやすい。仕事中にも個人的なネットサーフィンは当たり前で、会社にFacebookをしに行く人も少なくない。流行りはとても作りやすい国だ。

テレビは基本ケーブル。100チャンネル以上ある。再放送がほとんどで、特に日本のテレビ番組の放映権が高いのか、元を取るべく長期にわたって再放送をする。ちょっと前まで、台湾では川口浩探検隊(注1)が流れていて、この人がまだアマゾンの奥地で探検していると思っているおばちゃんもいた。

特に「TVチャンピオン」(注2)や「大改造!! 劇的ビフォーアフター」はのべつ幕なし流れていた。「TVチャンピオン」の影響で、台湾人は日本に行ったら、チャンピオ

よく見るとイカツイ親父が愛犬Tシャツを着ている、この素直さ

👍 Like

👍 Like

注1
1977〜86年に放送されたテレビ番組シリーズ。川口浩が隊長となって、世界各地の秘境を求めて探検する番組

👍 Like

注2
1992〜2006年まで放送されていたバラエティ番組。大食い、魚通など、あらゆるジャンルの達人が勝負を繰り広げて、チャンピオンを決める

👍 Like

133

ンの真似をしてラーメンを汁まで飲み干すことをする。帰ってきて私に「なんであんなにしょっぱいんだ」と訴えられても、私だってあんなしょっぱいものは飲み干さない。そう伝えると、みんな驚愕する。

　台湾で日本のラーメン屋がどんどんオープンして成功してるのも、「TVチャンピオン」の再放送のおかげだと思う。

　ニュース番組を見ているとすぐに気づくのが、ワイドショーとの境がないこと。世間話も芸能ネタも同じアナウンサーの口を突いて出てくるので最初は驚いたが、考えてみればこんな小さな島で、ニュースがじゃんじゃん発生するわけもない。獨家(独占記事)と自慢たっぷりに放送される内容は、近所で人気の犬が誘拐されたとか、YouTubeのアクセス数が高い踊る外人の映像とか、賽銭泥棒の話とか。電波の無駄遣いとは誰も思わないのかと夫に話したら、夫は「何を言ってるの。ここはペンギン村(注3)だよ」と言うので、それ以降、目を細めて見られるようになった。

　ペンギン村ニュース以外で、わざわざ仕込むネタにも心配してしまうものがある。

　たとえば「青木由香が紹介する台北の日本食屋さん特集」なんてのを新聞紙面1、2ページ使って平気で無駄遣いをする。メディアが身近すぎて緊張感がなくなった私は、一時、毎回同じシマシマの服を着て出ていた。化粧がはげたまま雑誌のインタビューを受けたら、発刊物は勝手に顔を描き足されていたこともあった(アイライン)。

　台湾人であれば、人生に1回や2回、テレビや新聞に載っている可能性もあるだろう。メディア密度が濃い島だ。

注3
漫画『Dr.スランプ』の舞台である村。ど田舎で民家もまばらにしかなくて、みんな知り合い。人づきあいが深い感じが台湾も似ている

ショッキングピンク大好き

　密度でいうと、人口と面積に対して芸能人も多い。みんな売り出し中の漫才師みたいに目立ちたがり屋で衣装は派手。シックな人とか落ち着いたオシャレの人がほとんどいない。
　テレビ画面の字幕は縦横にびゅんびゅん流れ、女性に関しては、アナウンサーであってもメイクが濃い。
　特に目が、つけまつ毛とアイラインで毛虫がくっついているみたいになっていて、本物を近くで見るとギョッとしてしまう。それを真似する一般人も、メイクする（ノーメイク派もかなり多いけど）と、やはり毛虫目。台湾にはナチュラルメイクが存在しない（キッパリ）。オシャレだなと思う人でもさわやかシンプルなメイクはほとんど見かけず、大体は奇抜なモード系。

　台湾に初めて無印良品がオープンしたとき、お店にはたくさんのお客さんが来ていた。畳んである服を広げて、アップリケやワンポイントを探して、何も描いていないからみんなまた棚に戻しちゃっていた。最初は、無印良品もかなり苦戦していたよう。
　逆に、私は台湾でシンプルな物を買おうと思っても、広げるとアップリケがついていてビックリした。ところが台湾のテレビを見ていて、NHKにチャンネルを変えると灰色のスーツのアナウンサーが、音もなくゆっくりお辞儀をして番組が終わる。台湾では宗教チャンネルでも見られない光景に、ギャップを感じるようになった。
　日本の通勤ラッシュの電車では、全部が紺・黒・グレーの服。台湾は地味そうなおばちゃんでも、どっかにショッキングピンクのアイテムを持っているのも、だいぶ違いを感

超有名な人がこの化粧。黒目もまつげもあったもんじゃない

お笑い芸人ではなく、ビビッドな緑のシャツを着たテレビの司会者。普通にチャンネルを回すと出てくる

じてしまう。

　ではでは、テレビや雑誌には絶対登場しないノーメイク派（多数いる）の存在は、どこから生まれるのか。これも、メディアの影響を受けている。

　前のアシスタントの女子はスッピンだった。顔色もよく、肌も綺麗で羨ましいなぁといつも感心していたら、まぁよく顔をいじっている。「芸能人の誰々が行っているところに1ヶ月待ちで予約入れて行くんです」と言っていて、その芸能人の美容法を模範にしているらしい。月に1度は、顔のエステで毛穴の汚れをギュッとやって取ってきたと鏡に見入っていたり、昨日は歯を白くしたと言って朝「ニッ」と笑って見せてくれたりした。レーザーしみ取りも定期的にやっているみたいだった。

　「私、なんにもしてないナチュラルビューティーです」風の顔して、顔面イジリが趣味の子は多数いる。

　そして、冒頭でも書いたFacebook。台湾では重要なメディアの1つ。老いも若きもやっているので、人口に対する利用者の比率は、世界でも1、2を争う上位。パソコン、携帯を使えない赤ちゃんと子供を除いたら全員やってるくらいのイメージでまちがいない。国民性から「いいね」は気軽に押されまくるので、イギリスのリサーチ会社の調査に台湾は〈いいね〉の貨幣価値が世界一安いと言われてしまったらしい。まさにいいねの大安売り。

　知り合いがやっていることは、善かれ悪しかれみんな応援する気持ちがあるのが台湾人。それが、いいんだか、悪いんだか、こういう結果を生んでいるようです。

眉毛のステンシル。日本製に見せかけ、無理に日本語を使っている。上のカタカナ、正しくは「ソ」→「ン」。私の留学当初定番の土産。市内10元ショップにて販売

台湾で味わうべき景色は、実は観光スポットではなく、台湾人が無意識のうちに作り出してしまった町の形。これが一番の絶景なのです。

おまけ

台湾の風景②

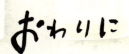
おわりに

　台北の迪化街(ディーホワヂェ)には、強力な縁結びの神様がいます。それは、黒くて小さいヒゲの爺さん。実は私もご多分に洩れず、友達とお参りに行きました。好きな相手がいない場合は、理想を細かく神様に伝えるよう言われ、「あまり図々しいお願いは神に愛想をつかされるかもしれない」と、日本人的な弱気なお願いをしました。神の恩寵が自分に訪れるとも思ってなかったので、希望の相手には一般的に望まれる見た目や収入よりも人の良さを前面に押し出し、さらに昔から集中しすぎるといい物作りができない性分だったので、「私の仕事を邪魔する邪魔係でもありますよう」と注文しました。

　数ヶ月後─。私はオーダー通りの人が良すぎて損をするくらいのぽっちゃり系(外見のオーダーを控えたため)の人と結婚をしました。この本は結婚したその年、2011年に書きはじめ、4年もかけてできたのは、ひとえに神様が邪魔係(夫)を私に授けてくれたからだと思います。あまりに長くかかったので新たに台湾出産体験も加わり、病院に精通したためまるっきり書き直したお話や、夫と台湾で会社を興して知ったことにも触れることができました。邪魔係2(ムスコ)もしっかりと任務をこなし、私の台湾住民体験談はどんどん膨らみ続けています。

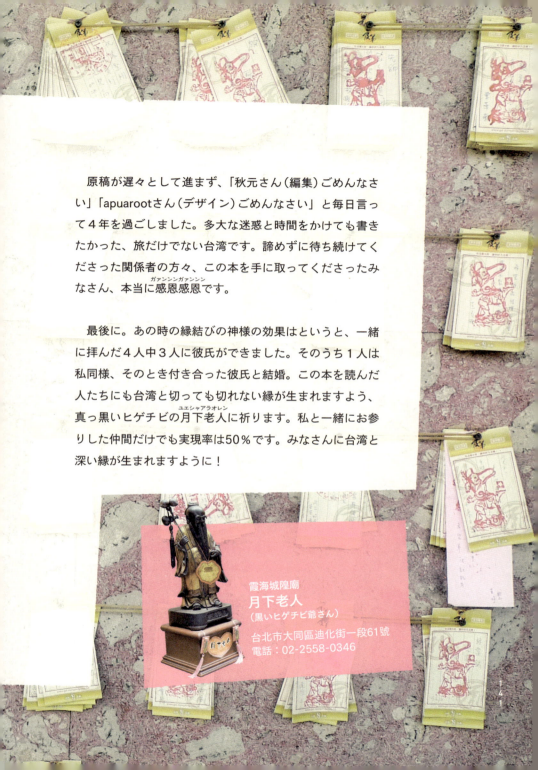

　原稿が遅々として進まず、「秋元さん（編集）ごめんなさい」「apuarootさん（デザイン）ごめんなさい」と毎日言って4年を過ごしました。多大な迷惑と時間をかけても書きたかった、旅だけでない台湾です。諦めずに待ち続けてくださった関係者の方々、この本を手に取ってくださったみなさん、本当に感恩感恩(ガァンンンガァンンン)です。

　最後に。あの時の縁結びの神様の効果はというと、一緒に拝んだ4人中3人に彼氏ができました。そのうち1人は私同様、そのとき付き合った彼氏と結婚。この本を読んだ人たちにも台湾と切っても切れない縁が生まれますよう、真っ黒いヒゲチビの月下老人(ユエシャアラオレン)に祈ります。私と一緒にお参りした仲間だけでも実現率は50％です。みなさんに台湾と深い縁が生まれますように！

霞海城隍廟
月下老人
（黒いヒゲチビ爺さん）

台北市大同區迪化街一段61號
電話：02-2558-0346

おまけ 最近の生活になんか台湾が食い込んでくると感じはじめていませんか？

ニーハオ

ハオチー

イヤッホォ〜

　最近の生活に、なんか台湾が食い込んでくると感じていたら、それはチャイナ エアライン、通称CIの仕業です。あなたの家の近所の地方空港からも、台湾への直行便がガンガン飛んでいて、その数は日本各地に14ヶ所、週に最大計189便（2015年度冬期スケジュール）という日台間最大の便数。

　これをもって、台湾の空気を毎日たっぷり日本に運び込んでいるのが原因です。

　飛行機に乗った瞬間から、台湾らしさ溢れるサービスが満載。親近感溢れる、美人で脚の綺麗なスチュワーデス（CA）さん。最近、制服が変わったのも見ものです。日本語オッケー率が高いので、言葉の心配もなくたっぷり甘えてください。機内食も台湾料理が楽しめたり、100以上のプログラムがある機内エンターテイメントで日本ではまだやっていない映画が楽しめたりと、チャイナ エアラインに乗るだけで台湾度がかなり上がります。時間がなくて台湾に触れてみたい人は、CIに乗るだけで台湾に降りなくてもいいかもしれません（言い過ぎ？　でも、実際、羽田─松山便は1日で往復可）。

　チャイナ エアラインから日本の地方空港と台湾にたくさんの直行便が就航したおかげで、私は台湾からたくさんの日本の地方に行きました。日本の各地のチャイナ エアライン営業所の方たちにとても良くしていただき、みなさんの顔が浮かびます。日本人のCIスタッフもかなり台湾化した人懐っこさを秘めていますので、そのへんから楽しんでください。チャイナ エアラインに乗って台湾で会いましょう〜

日本人よ、そしも人生つらいなら台湾へおいでなさい

新装版

『奇怪ねー台湾 不思議の国のゆるライフ』

台湾人のちょっと「奇怪」な日常を観察し、ユーモラスなイラストと、痛快な文章で台湾を描いた本、『奇怪ねー台湾 不思議の国のゆるライフ』が、このたび新装版になりました。
近いけれど、実はあまり知らなかった台湾の人たちの「ゆるい」(？)暮らしを目にすると、明日からの生活がちょっと気楽になるかもしれません!?

不思議の国のゆるライフ
奇怪ねー台湾
青木由香 著

装丁リニューアル!!

読んだ瞬間、大爆笑！
台湾人のちょっと「奇怪」な日常を、「日本人」の視点からみ、ご近所の第二台湾の日常からユートピア(スリー)生活への道が見えてくる？

ソフトカバー
176ページ
オールカラー
A5判
定価：1600円＋税
ISBN978-4-8096-7647-5

著者紹介

青木由香

神奈川県生まれ。2003年より台湾に住む。'05年、台湾で出版した『奇怪ね』('11年には日本でも『奇怪ねー台湾』として出版）がベストセラーになり、台湾で一躍話題の人となる。2013年には、台湾観光貢献賞を受賞。現在は台湾と日本を行き来しつつ、ブログ「台湾一人観光局」や各メディアで大好きな台湾を日本に紹介している。その他の著書は『台湾ニイハオノート』『好好台湾』など。JFN系ラジオ『楽楽台湾』のパーソナリティを務める。

台湾のきほん
不思議の島のゆるガイド

発行日	2015年11月13日
著者	青木由香（あおき・ゆか）
デザイン	apuaroot
発行者	田辺修三
発行者	東洋出版株式会社
	〒112-0014 東京都文京区関口1-23-6
	電話 03-5261-1004（代）　振替 00110-2-175030
	http://www.toyo-shuppan.com/
編集	秋元麻希
印刷	日本ハイコム株式会社（担当：宮前諭裕）
製本	加藤製本株式会社

許可なく複製転載すること、または部分的にもコピーすることを禁じます。
乱丁・落丁の場合は、ご面倒ですが、小社までご送付ください。
送料小社負担にてお取り替えいたします。

© Yuka Aoki 2015, Printed in Japan
ISBN 978-4-8096-7798-4